文化驿站 共享空间

杭州社区文化家园建设丛书

焕新·梅堰

周旭霞 著

杭州出版社

图书在版编目（CIP）数据

焕新·梅堰 / 周旭霞著. -- 杭州：杭州出版社，2022.12
（杭州社区文化家园建设丛书）
ISBN 978-7-5565-1963-7

Ⅰ. ①焕… Ⅱ. ①周… Ⅲ. ①社区文化－建设－概况－杭州 Ⅳ. ①G127.551

中国版本图书馆CIP数据核字(2022)第223482号

HUANXIN MEI YAN

焕新·梅堰

周旭霞 著

责任编辑	杨 凡
责任校对	陈铭杰
美术编辑	章雨洁
出版发行	杭州出版社（杭州市西湖文化广场32号6楼）
	电话：0571-87997719　邮编：310014
	网址：www.hzcbs.com
印　　刷	浙江全能工艺美术印刷有限公司
开　　本	710 mm×1000 mm　1/16
字　　数	150千
印　　张	12.25
版印次	2022年12月第1版　2022年12月第1次印刷
标准书号	ISBN 978-7-5565-1963-7
定　　价	48.00元

（版权所有　侵权必究）

序　言

这是杭州市第五辑社区文化家园建设丛书。

2017年以来，杭州市根据中共浙江省委关于社区文化家园建设的整体部署，以"文化驿站、共享空间"为定位，通过改建、扩建社区已有文化设施，整合现有文化资源，积极打造集思想引领、道德滋养、文明倡导、文化熏陶功能于一体的社区文化家园。截至2021年底，累计建成1055家社区文化家园，覆盖全市80%以上的社区，其中，五星34家，四星72家，三星181家。我们从全市上千家社区文化家园中精选了不同类型的40家，组织了精干的采写团队，为入选的每个社区文化家园单独出一本书，全景式反映杭州市建设社区文化家园的丰硕成果。

杭州市社区文化家园建设，坚持围绕社区居民日益增长的精神文化需求，健全社区各类设施和场所的文化功能，完善社区公共文化服务体系，开展各类文体活动，活跃社区文化。坚持突出居民主体，发挥好居民自治的重要作用，由西湖区翠苑社区居民首创并共同约定遵行的"孝心车位"及其公约，有效解决了子女看望父母长辈停车难的问题，成为杭州社区治理的一大创举。坚持搭建线上线下居民交流平台，形成学习、教育、休闲等各类社团组织，加强社区居民的参与互动，实现社区文化家园建设为民靠民，社区文化家园建设成果由居民共享。

杭州市社区文化家园建设，坚持与新时代文明实践站的建设工作相结合，将社区文化活动与群众性精神文明创建活动相结合，为社区居民搭建了公共文化空间与共同的精神家园，以社区文化家园为抓手，推动社区精神文明建设。坚持加强文化活动的宣教作用，在日常文化活动中，专门将社区文明案例转化成宣讲课程和文艺作品，寓教于乐，寓宣传于服务；同时，在活动现场向居民分发各类宣传资料，以活动强意识，以意识促行为，使文明行为成为生活习惯。坚持发挥社工的专业作用，做好社区志愿者的引导、发动、培训及保障工作，探索"社工＋志愿者"的联动机制，激发居民群众关爱家园、参与发展的热情，围绕整洁环境、文明养宠、文明出行、规范停车、垃圾分类与定点投放、爱护绿化、爱护公共设施等社区文明新风尚身体力行，逐步形成"我为人人、人人为我"的和谐良好氛围。坚持讲好身边好人的模范事迹。利用长廊、橱窗、楼道、道路等基础设施，宣传展示社区的最美现象、人物风采、榜样典型等内容，用身边人、身边事来感染人、熏陶人、教育人，营造见贤思齐、向上向善的浓厚氛围。

杭州市社区文化家园建设，坚持以"精神家园"为功能定位，弘扬主流价值，传承传统文化，注重习近平新时代中国特色社会主义思想的宣传普及和社会主义核心价值观的落细落小落实。坚持依托市民讲堂、道德讲堂、科普讲堂等活动载体，组织党员干部进社区进行宣讲，进一步巩固宣传思想文化工作的基层阵地，推动宣传思想文化工作走进群众、深入人心，取得实效。坚持着眼于居民思想道德水准的提升，通过公益广告宣传、民间艺术创作、社区文化展陈等形式，广泛开展科学、法律、文化、健康等知识的宣传教育，提高居民的现代文明意识和科学文化素质。坚持把社区文化工作要点集中到思想建设与内容建设上，改变以往文化建设重硬件的倾向，通过活跃社区文化、倡导文明风尚、推动居民交流，让文化建设有形可见、入脑入心，让居民群众受到教育、得到启发，实现市民文明素质与城市文明程度的相互促进、相互提高。

杭州市社区文化家园建设，坚持以重构现代都市的社会关系为立足点，进一步塑造好和谐互助的邻里文化。坚持举办邻居节活动，每年的活动覆盖杭州13个区县（市），除政府部门组织的文艺演出、社区公共环境整治、嘉奖"好邻居"外，越来越多的社区和个人自发组织起敲门送温暖、邻里百家宴等活动，填补邻里交往的空白，增强社区归属感。坚持根据不同社区的实际情况，构建和谐互助的邻里关系。在老小区，社区文化家园整合各类资源，提升养护、休闲、保健等公共服务水平，老年居民也自发组织了"银发互助队"，提供陪伴、语言安慰、生活用品代买等志愿服务；在新杭州人聚居的社区，文化家园里开设起"四点半课堂"，由本地退休老教师、社工帮助照看，解决家长的后顾之忧，加强孩子之间的互动关系。

5辑40册杭州社区文化家园建设丛书，展示了杭州市社区文化家园建设的成果，同时，我们也想通过丛书的出版发行，进一步推动全市社区文化家园建设向纵深发展，为杭州市争当浙江高质量发展建设共同富裕示范区城市范例助力。

杭州社区文化家园建设丛书编委会

2022年10月

目 录

梅堰社区画像 /1

第一章　梅堰社区历史回眸 /5
  第一节　旧时梅开　余韵悠长 ······················ 5
  第二节　寄语集：吾心梅堰 ························ 10
  第三节　梅堰社区组织沿革 ························ 16

第二章　邻里和美　幸福共享 /21
  第一节　聚焦"家园文化"，营造温暖文化氛围 ············ 22
  第二节　弘扬"公益文化"，厚植友善邻里情怀 ············ 26
  第三节　打造"乐活文化"，开启共享幸福生活 ············ 30

第三章 梅堰社区工作成效 /35

第一节 楼顶彩绘——尽显"临平风味" ………………………… 35
第二节 爱在身边——红十字生命礼赞 ………………………… 38
第三节 梅好家园——家门口幸福学堂 ………………………… 48
第四节 加装电梯——三合三力见实效 ………………………… 55
第五节 梅好生活——四招破题换新堰 ………………………… 62
第六节 物居业网——共治共享新气象 ………………………… 68

第四章 梅堰社区特色活动 /77

第一节 百家宴品美味 ………………………………………… 77
第二节 儿童议事会 …………………………………………… 80
第三节 梅堰社区百叟宴 ……………………………………… 83
第四节 书香换花香 …………………………………………… 88
第五节 暑期假日学校 ………………………………………… 93
第六节 米豆故事会 …………………………………………… 100
第七节 婴幼儿成长驿站 ……………………………………… 101
第八节 "志愿者在身边"便民活动 …………………………… 104
第九节 垃圾分类 ……………………………………………… 113
第十节 花卉盆景展 …………………………………………… 119

第五章 梅堰社区传统佳节 /121

第一节 端午 …………………………………………………… 121
第二节 腊八 …………………………………………………… 127

第三节　清明 ··· 130

　　第四节　新春写春联 ··· 134

　　第五节　元宵 ··· 135

　　第六节　中秋 ··· 139

第六章　梅堰社区党建引领 /141

　　第一节　党建工作的生动实践 ···································· 141

　　第二节　感党恩、颂党情、跟党走 ······························ 155

　　第三节　开展小区党员先锋日行动 ······························ 158

　　第四节　体验式主题党日活动 ···································· 161

　　第五节　防疫工作的感人事迹 ···································· 164

第七章　梅堰社区名人达人 /169

　　第一节　杭州最美家庭——"好家风传承"鲍黎宁 ··········· 169

　　第二节　美丽临平人——"最美逆行人"陈新中 ············· 173

　　第三节　美丽余杭人——"爱心理发师"周桃红 ············· 175

后记 /182

杭州社区文化家园建设丛书 | 焕新·梅堰

梅堰社区文化家园

梅堰社区画像

临平区东湖街道梅堰社区（之前属于余杭区，区划调整后归属临平区）比邻临平早在宋代就有文字记载的"梅潭堰"，梅潭堰依水而建，是古代用以蓄水、灌溉、防洪、排涝的水利工程，也是上塘河与下塘档口运输船拔船过坝的重要通道，梅堰小区也因此堰而得名。

梅堰居民区是1994年余杭撤县设县级市后新成立的。2001年撤销了梅堰和阮船埭这两个居民区，成立了余杭首个社区居委会——梅堰社区居民委员会，四至范围东至红丰路、西至梅堰路、南至船闸河、北至邱山大街。

现在的梅堰社区位于东湖街道南侧九曲营路262—272号，占地36.01万平方米，绿地面积10.07万平方米，办公面积约120平方米，住户3138户，常住居民9725人，其中梅堰小区是20世纪90年代初建造的开放式小区，其有住宅66幢，涉及住户2463户，居民8800余人。社区党委下辖6个二级党支部，有党员192名。

作为已有二三十年历史的老社区，梅堰社区存在着公共文化配套空间不足、人口结构逐渐"老龄化"、流动群体逐渐增多、文化凝聚力不强等痛点，为了解决这些问题，社区以"邻里·和美"为主题，以"邻里和谐、邻里和乐、邻里和善"为目标，围绕"家园文化、公益文化、乐活文化"，积极打造社区文化品牌。

走进梅堰，你会发现，这里：

背书包的红领巾，抬头往前；

打太极的老奶奶，气定神闲。

正午辰光，助餐中心花甲去打卡；

休闲时间，邻里中心居民享服务；

晚风拂柳，游步道上散步又健身。

社区内设有邻里广场、棋乐阁、联心厅、儿童之家以及成长驿站等设施，居民朋友可在此下棋休闲或陪伴幼儿嬉戏玩乐；设有多功能厅和梅堰印象馆，多功能厅可以让居民朋友进行舞蹈训练或举行中小型会议；梅堰印象馆内陈列着梅堰的历史文化介绍展板及居民公约，可以让居民们增强对社区的归属感；设有心理咨询室、青少年之家、影音室，居民朋友可以在场馆内阅读、上网、观看电影；设有康养阁、康乐轩、智慧养老间，作为社区的日间照料中心，可以为老人们提供"一键式"上门服务；设有社会工作站、社会发展中心以及孵化平台，能第一时间响应社区里的大事小情，为辖区企业提供服务。

在这里，有活跃在社区的红马甲，有行走在楼道的红袖章；有为你免费修车的新梅堰人，有捐出眼角膜的患病劳模；有风华正茂，飞扬文字的青年，有桑榆不道晚，为霞尚满天的古稀老人……

梅堰处处有亲切的微笑,有温暖的服务。

近年来,梅堰社区取得的荣誉有:2001年获省百佳社区称号,2004年获省科普社区称号,2009年获省绿色社区称号,2002年被评选为杭州市十佳示范文明社区,2004年被评选为杭州市党建示范点、杭州市先进党组织,2019年被评选为浙江省民主法治社区,2020年创建浙江省老年体育中心(俱乐部),2020年梅堰小区老旧小区综合改造提升工程被评为杭州市年度老旧小区综合改造提升工作最佳案例,2021年梅堰社区"家门口'梅'好·学堂"在全市党群服务最优项目打擂比武中被评为优秀项目,2021年被评为杭州市美好家园小区,2021年被评为杭州市五星级文化家园。

目前,梅堰社区已接待省内参观团体80多批次,并荣获浙江省文明社区、浙江文化俱乐部等荣誉称号。

梅堰社区通过"公推直选"的方式选举产生了余杭区首个社区党委

第一章 梅堰社区历史回眸

第一节 旧时梅开 余韵悠长

（一）梅堰社区前身

梅堰社区比邻临平早在宋代就有文字记载的"梅潭堰"，梅潭堰依水而建，是古代用以蓄水、灌溉、防洪、排涝的水利工程，也是上塘河与下塘档口运输船拔船过坝的重要通道，梅堰小区也因此堰而得名。

梅堰居民区是1994年余杭撤县设立县级市后新成立的。2001年撤销了梅堰和阮船埭这两个居民区，成立了余杭首个社区居委会——梅堰社区居民委员会，四至范围东至红丰路、西至梅堰路、南至船闸河、北至邱山大街，由陈敏晓同志担任社区党支部书记，陈明媚同志担任社区主任。

1994年成立梅堰党支部

1994年成立梅堰居民委员会

2001年12月选举成立余杭区梅堰社区居委会

（二）搭建党建基础

梅堰社区以党建为龙头，以服务为重点，以群众满意为社区工作标准，制定了学习教育、党务公开、党员家访、党员责任区、党员共建等制度，建好党务公开长廊，试点社区党务公开工作，打好社区党建基础。

梅堰社区在余杭区率先实行"公推直选"的选举方式，2004年3月，在临平二小召开的梅堰社区组织换届选举大会上就用这一方式选举产生了余杭区首个社区党委。

（三）规范党建工作

梅堰社区以构建和谐社区为目标，打造党建"一二三四五"品牌，

2003年成立余杭区首个"村居共建点"

梅堰社区开展党建"片组户"工作试点

即完善一套制度、搭建二个联络路径（便民服务卡和党员联系册）、建好三级服务网络（街道、社区、党员冠名服务站和爱心储蓄银行）、开好四个会（民情恳谈会、事务协调会、工作听证会、成效评议会）、打好拳头队伍（建立义务巡逻、调解、医疗、法律、文艺、水电修理等十支党员志愿者服务队伍），开展了余杭"片组户"工作试点，一个支部一堡垒、一名党员一面旗，不断强党建、重服务，推动社区发展。

（四）夯实基层党建

梅堰社区整合辖区党建资源，开展村居、居居、一社一机关共建，开展党建联动,推动社区服务;以党建带群建,建立了社区红十字志愿者服务站、陈明媚劳模工作室,在美林冠名党员服务站的基础上,继续发展翁庆儿冠名党员服务站,规范二级党支部建设,"一名党员一面旗、党员责任在社区",发挥党员的先锋模范作用和党支部的战斗堡垒作用。

(五)深化基层党建

党建引领,三治融合。梅堰社区探索建立"五瓣梅"议事制度,即:建章立制,"我的规则我来定";切实可行,"我的事情我来议";权力下放,"我的社区我做主";拓展平台,"我的活动我参与";培育倡导,"我的生活我协商",形成社区议治共融新路径。推动物居业网融合,建立了红管家、红钥匙、红袖章等小区党建小组,整合社区党建资源,以小区先锋日、小区谏言日、小区协商日、小区邻里日等为载体,助推社区改造、垃圾分类、邻里矛盾等问题的解决,打造和善美的幸福家园。

第二节　寄语集：吾心梅堰

（一）你好，梅堰！——老书记陈敏晓寄语

前几日，在朋友圈看到一位家住梅堰的宝妈说，终于不用再羡慕住在万宝城附近的人了，自己的宝宝在家门口就能玩耍。隔着屏幕依然能感受到她的喜悦，我和她一样开心。

初识梅堰应该是20世纪90年代初，一次好奇，从九曲营路一直往东，穿过梅堰路，一脚高一脚低走进刚刚大开发的地界，直至泥浆快没掉小腿，才狼狈掉头。回想起来，停步的地方正好是后来梅堰社区居委会办公楼的位置。

再见梅堰是90年代中期，一位同事下岗后创业，租了红丰村阮船埭的院子，去找她要经过梅堰小区的公园。公园里有小广场，有蘑菇亭，有池塘，但见池上小桥池边柳，池中小鱼欢快游……心想这个小区真是好。

21世纪初，我有幸成为梅堰社区的一名工作人员，亲历了从梅堰居委会到梅堰社区居委会的一个个历史时刻：成立余杭区第一个社区党委、完成余杭区社区居委会首次公推直选、建立区首家社区居家养老服务站……在抗击非典、新冠疫情时，在抵御台风、冰雪灾害时，在保持党员先进性教育、社区党务公开、网组片网格化管理、一路一街改造、G20峰会、垃圾分类、"物居业"网社区治理、老旧小区改造提升等各项工作推进过程中，我见证了梅堰每一点改变和每一次发展。

第一章 梅塆社区历史回眸

2005年被评为杭州市先进基层党组织　　　2008年11月获浙江省充分就业社区称号

初踏上社区岗位，老一辈的居委会干部言传身教、传帮带，把"铜头铁嘴飞毛腿"的工作精神和宝贵的工作经验传授给我。刚接手工作时，我从摸清居住在社区内的党员底数、建立志愿者队伍、划分党员责任区入手，提出"一名党员一面旗、党员责任在社区"，党员在八小时之外发挥先锋模范作用，这些成为社区工作强大的支撑力量。

社区的概念非常复杂，它既是每个家庭的居住地，又是与居民接触最近的组织，社区干部的工作内容繁复、节奏快速。时代的进步要求社区工作日趋专业化，由此带来理论水平、知识结构、服务技能、创新能力等各方面的高要求及挑战。

感恩20多年来的每一次遇见。那是春天的樱桃，那是立夏的乌米饭，那是盛夏的一碗绿豆汤，那是秋日里自制的月饼；那是风雪后在楼道口、道路中清除冰雪的人们，那是公园里和老人们宣传解释政策的骨干们；那是对独居老人的一份关注，那是邻里间伸出的援手；那是发现安全隐患时提供的一条信息，那是为居民理发、磨剪子；那是省市专家医生的义诊，那是一起学习心肺复苏、海姆立克急救的体验，那是签署身后器官捐献书的大爱；那是值班帐篷上的亮光，那是主动请缨的志愿者，那是为灾区捐出的爱心款；那是一筹莫展时收到的一张图纸，那是黑夜里还在挥锤的工人师傅，那是疫情来临时的日夜坚守；那是上级和专业力量的指导，那是共建单位的支持，那是同事们的同心协力；那是年长者的经验良方，那是年轻人的新知识教授；那是一次默契的配合，那是一句扫除心头阴霾的暖语，那是一次诚恳的交流，那是一次温和的提醒，那是严厉的批评，敦促你反思。

老旧的设施已不适应百姓对美好生活的向往，在区委、区政府和街道的重视下，梅堰小区老旧综合改造提升项目开始实施，党群驿站、邻里中心、市民客厅、文化家园、儿童之家、老年食堂、休闲公园、健康步道、加装电梯、有序停车、物业管理、数智安防……让老百姓在家门口就能享受到便利快捷的服务，享受到安静、美好、智慧的生活。

看整齐的房屋，看新铺的路面，看新种的绿植，看新设的泊位，看新建的公园，看新竖的电梯；看孩子们在欢乐嬉笑地追逐、滑滑梯、玩海洋球、做游戏、亲子阅读；看大人们练瑜伽、打太极、学乐器、做手工；看高龄且不便行走的老人乘电梯下楼散散步，看居民洋溢在脸上平和而满足的笑容……

道一声：你好，梅堰！

2009年获杭州市基层党建工作"100示范群"称号

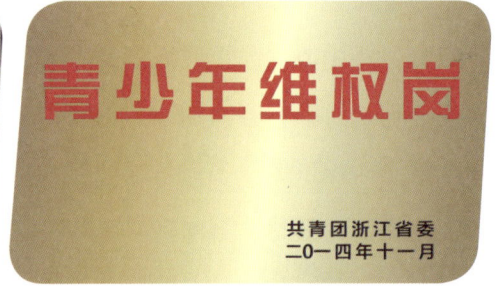

2014年被评为青少年维权岗

（二）遇见"梅"好——书记沈娟娟寄语

梅堰社区是我工作过的第四个社区。

一进梅堰社区，忙碌的氛围迎面扑来：社工们跑进跑出，与居民热情沟通；穿着红马甲的热心居民穿梭在小区内，查隐患、督工程；工人们挥汗如雨，改造工地热火朝天，但一切又井然有序。

随着整片脚手架的拆除，一幢幢整洁干净的房屋呈现在我们面前：灰白

2018年获先进网格党支部称号

的岩彩漆墙面、咖色的铝合金窗、统一的雨棚花架、有序白亮的楼道、高低错落的绿化、整齐的绿荫式停车位……墙面杂乱无章的线路看不到了，竖在路中央的电线杆也不见了，老房子一下子焕发出新容颜，从居民们的笑脸中我们找到了答案：这次改造真不错，玻璃窗换了隔音效果好，房间更亮了，装了电梯可真方便呀！

这一刻，居民的美好生活就被开启了。社区配送餐中心飘来阵阵的饭菜香；邻里小广场小孩子欢快地奔跑着；邻里中心通透明亮，文化韵味十足……一楼联心厅里一边是老年人挥毫泼墨，跟着老师一撇一捺认真学，一边是小孩子一字一句跟着妈妈读绘本，开心地玩着乐高、木马、滑滑梯；二楼，社区艺术团成员对着镜子，一招一式练着瑜伽；美妙的口琴声从三楼缓缓飘来；四楼的健身室传来打乒乓球的声音；在日间照料中心，社区的老人们舒服地躺在按摩椅上休息。邻居们在这里，

梅堰社区开展老旧小区改造

从早到晚一起嗨,真是"邻里一家亲,和美共享乐"!

随着老旧小区改造的步伐一路走来,从图纸到完工,从期盼到实现,日夜监督工程,不断更新理念。家的描绘,经过了春夏秋冬的添色,经过了时光的深情设计,一部部电梯如约而至,一个个小公园精心装点,在爱与温暖的守候中悄然变化着,让大家生活更方便、更舒心,获得感多多,幸福感满满。我则从一名旁观者,到一起参与,到共同见证。

遇见梅堰,一切变得更加美好。时间永不偷懒,生活永不懈怠,每一个时刻都是新生,正是因为有大家的信任和期盼,才让我们得以鼓足信心,用自己的力量践行责任使命。未来已来,将至已至。不论晴天、雨天还是阴天,我们手牵手,向前走,让我们共同拥抱更好的梅堰!

（三）祝福，梅堰！——社区居民寄语

我是梅堰人，希望梅堰社区似雨后春笋！——姚美英

我是梅堰社区居民，希望我们生活会越来越好。——陈敏

过去的梅堰和现在的梅堰相比，天壤之别，精神文明蒸蒸日上，我感到非常荣幸。——徐陈雅

衷心盼望梅堰小区旧改工程早日顺利完成，小区面貌焕然一新。——王蓓蓓

希望梅堰邻里中心越办越好，我们翘首以待。——章金龙

喜看梅堰新变化，旧貌换新颜。——陈明媚

亲里亲，邻里邻，梅堰邻里中心，服务亲邻。——杨志敏

宜居梅堰，幸福邻里。——柯爱娣

社区居民抗击新冠

第三节 梅堰社区组织沿革

2001年12月30日,经余杭区政府第15次区长办公会议研究,同意对东湖等四个街道所辖居民委员会进行调整,并组建新的社区居民委员会。其中,撤销梅堰、阮船埭两个居民委员会,建立梅堰社区居民委员会,区域范围东至红丰路,西至梅堰路,南至船闸河,北至邱山大街。

2002年5月8日,临平、东湖街道召开社区居委会换届选举会议,全街道5个社区居委会如期选出(临街委〔2002〕51号)。

2004年3月4日,经区委研究决定,建立中共杭州市余杭区东湖街道梅堰社区委员会,隶属街道党工委管理(区委批〔2004〕1号)。

2004年10月8日,经研究决定,建立中共东湖街道梅堰社区纪律检查委员会(东街委〔2004〕61号)。

2007年8月15日,经研究,同意设立梅堰社区居家养老服务站(东街办〔2007〕80号)。

2010年6月4日,街道各原建社区党组织严格按照"公推直选"的选举方式进行了民主选举工作,选举产生的原建社区党组织班子成员及职务已报经街道党工委批准(临街委〔2010〕35号)。同日,各原建社区完成换届选举,产生新一届社区居委会班子成员(临街委〔2010〕37号)。

2010年11月8日,经街道红十字会研究,建立临平、东湖街道各社区红十字会小组(临街办〔2010〕57号)。

2011年4月27日,根据区委社区党组织换届的有关文件精神和街道

第一章 梅堰社区历史回眸

2007年成立余杭区首家社区居家养老服务站

梅堰社区创立十九大精神宣讲"移动微讲堂"

梅堰社区理想家园垃圾分类启动仪式

党工委的统一部署,临平、东湖街道的8个新建社区党组织进行了换届选举(临街委〔2011〕18号)。同日,根据相关文件规定,经街道党工委审查同意,各新建社区进行换届选举,产生社区居委会班子成员(临街委〔2011〕23号)。

2013年11月25日,根据区委社区党组织换届的有关文件精神和街道党工委的统一部署,临平、东湖街道的19个社区党组织进行了换届选举(临街委〔2013〕97号)。

2017年4月,临平、东湖街道的15个社区党组织进行了换届选举(临街委〔2017〕29号)。

2017年5月,临平、东湖街道15个社区分别召开居民代表大会,选举产生新一届社区居务监督委员会班子(临街委〔2017〕44号)。

2017年5月22日,临平、东湖街道各社区民主选举产生新一届社区居民委员会班子成员(临街委〔2017〕43号)。

2017年5月23日,社区纪检组织与党委进行了同步换届选举,经街道党工委研究同意,产生了新一届纪检组织成员(临街委〔2017〕34号)。

梅堰社区平安志愿者为G20护航

梅堰渔火

第二章 邻里和美 幸福共享

作为已有二三十年历史的老社区，梅堰社区存在公共文化配套空间不足、人口结构逐渐"老龄化"、流动群体逐渐增多、文化凝聚力不强等痛点。为了解决这些存在的问题，梅堰社区文化家园以"邻里·和美"为主题，以"邻里和谐、邻里和乐、邻里和善"为目标，围绕"家园文化、公益文化、乐活文化"，积极打造社区文化品牌。

第一节 聚焦"家园文化",营造温暖文化氛围

梅堰社区秉承"家文化、和梅堰"的理念,通过挖掘和提升社区空间资源,通过亲民化改造、常态化问需、精细化服务、智能化管理"四化"联动,将社区党群服务中心、居家养老服务中心、社区综合学习中心和邻里美好活动中心整合为一体,打造家门口的"文化家园"综合体。

梅堰邻里中心

社区消防体验室

温馨的小区环境增添居民们的幸福感

修家道，齐梅堰

（一）全天候邻里中心，共享文化平台

梅堰社区以老旧小区综合改造为契机，拓展文化空间，配套建设了2800平方米的社区文化阵地，植入智慧养老、社区医疗、婴幼儿成长驿站、青少年活动中心、社会组织发展平台、幸福学堂、多功能文化讲堂等功能，周一至周日全天候开放，开展线上线下场地预约、邻里约书等服务，满足群众多样化的教育需求和精神文化需求。其中"梅堰印象"展厅更是通过展示社区发展历程、老底子物件、一封家书、居民公约三字经等文字内容，宣传展示社区文化底蕴。

（二）体验式文化，安享平安成果

梅堰社区结合家庭消防、禁毒宣传、交通安全等宣传内容，整合社区资源，开辟了交通安全宣传角、消防体验室、禁毒知识体验厅等平台，通过多媒体等展现形式，突出个性化和互动性，让社区居民在寓教于乐中接受新知识。

（三）六大文化公园，舒享生态宜居

经过老旧小区综合改造，梅堰社区从开放式小区转变为准物业小区，而改造过程中"新旧"元素的结合更增强了小区的文化氛围。新的小区内，六大文化主题公园环绕着居民们生活的居所，小区里原有的雕塑、水塔、老树等记忆元素被保留下来，并与廉政、红十字、法治等新文化内容融为一体，成为社区的文化体验空间，每一处走廊、每一块标牌、每一处景观都会"说话"，增强了居民对社区的认同感、归属感和自豪感，让社区居民随时随地感受文化的熏陶。

第二节 弘扬"公益文化",厚植友善邻里情怀

(一)修家道,齐梅堰

梅堰社区弘扬优秀传统家风文化,推进社区家风建设。社区的"鲍式家风"多次登上区、街道的多个平台,被广泛宣传;"Ta改变了我"征文活动中由社区居民潘家宁写的《家国情怀润家风》一文荣获征文比赛全国一等奖,更被学习强国全国首页推荐。在好家风的推动下,社区

临平街道首届家风节

第二章　邻里和美　幸福共享

为居民修鞋的志愿者

社区与浙江省红十字会"两捐"中心党支部共建结对，开展义诊活动

迎端午 送健康 弘扬中医药文化活动

的好人好事层出不穷:"爱心理发师"免费为部队官兵义务理发15年,外来务工人员周师傅20年来坚持在学雷锋日为居民们免费修车,社区的孝心车位兴起社区助老风……梅堰社区的家风文化,是弘扬,是传承,汲取了传统家风文化精华,为社区的家庭家风建设提供滋养。

(二)构建"百米生命长廊"

"百米生命长廊"不仅是社区文化展示的重要窗口,也是梅堰正能量的记录长廊。社区造血干细胞捐献者的事迹被集中展现在长廊中,社区居民经过长廊时常驻足浏览,感受邻里间的温情。

(三)共驻共建,共享文明

梅堰社区以文化为纽带,结合节假日主题,与辖区单位开展党建联盟、居居联建、校社合作、村居共建等文化交流、文化走亲、文化讲座、便民宣传活动,丰富居民生活。成立社区青年移动宣讲团,发挥文化宣传导向作用,走进小区、走进单位,相互融合、相互交流、相互学习,形成文化合力,给社区群众带去更多文化大餐。

学史力行

第三节 打造"乐活文化",开启共享幸福生活

梅堰社区积极打造社区乐活家园,集主题宣教、体育文娱、休闲游戏、书画养生、文化讲堂、养老幼托服务等功能于一体,满足各类人群的多元文化需求。

(一)"'梅'好·学堂"文化品牌

梅堰社区以党建共建、党员助力为方向,通过资源共享、活动联办的方式,实现党群服务一体化,最终形成"十五分钟家门口"学习文化

百叟宴现场表演

第二章 邻里和美 幸福共享

急救培训进家庭活动

交流平台。聚焦民生的实际需求，实现五个精准文化服务：与二幼党支部共同打造亲子沟通课堂，共破学龄前亲子教育困境，在寓教于乐中实现亲子教育大提升；与二小党支部共同打造红领巾阵地，通过学党史、听故事、看红色电影、"重走长征日"主题党日，形成校社红色第二课堂；与三中党支部打造青梅实践公益基地，志愿服务享受服务乐趣。依托全区首所社区"家门口的老年大学"，挖掘骨干党员和群众，链接党建资源，以兴趣为动力，居民们自发成立了书法绘画、瑜伽韵动、交谊舞韵、红歌声乐、太极雅韵、豆妈绘本、梨园戏曲、健康+、科技手工等十余个兴趣团队，在家门口就能享受到多姿多彩的文化生活。梅堰社区的"家门口'梅'好·学堂"项目在全市党群服务最优项目打擂比武中夺得优秀项目称号。

梅好家园第二课堂

为百叟宴认真服务

(二)邻居节"百叟宴"文化品牌

梅堰社区为丰富老年居民的精神文化生活,在每年重阳节都会举办邻居节"百叟宴"活动,已坚持近20年。"百叟宴"既让社区的老年朋友们共同度过了一个快乐、温馨的节日,又成为社区与海宁许巷村开展跨区域文化走亲活动的载体,深受老年居民的欢迎。

(三)红十字博爱家园文化品牌

梅堰社区将红十字会"人道、博爱、奉献"的精神融入社区文化建设中,以"防灾减灾、健康促进、人道传播"为活动主题,以党建为引领,打造"爱在身边,生命礼赞"红十字志愿服务文化品牌。为了进一步提升品牌效应,以社区老旧小区综合提升改造为契机,整合社区资源,以打造"身边的红十字会"为理念,创建社区红十字博爱家园,共建梅堰幸福家园。

楼顶彩绘展梅堰风采

第三章 梅堰社区工作成效

第一节 楼顶彩绘——尽显"临平风味"

（一）楼顶彩绘的韵味

2022年新年过后，住在杭州市临平区临平街道理想家园小区10楼的陈新中天天都要往窗外看看，从他家东面的窗户看过去，正好能将梅堰小区楼顶的彩绘尽收眼底。"早上一起来就能看见琮琮、宸宸、莲莲他们三个，一天的心情都很好！"陈新中对于这个新鲜创意赞不绝口[①]。

家住理想家园的李女士很喜欢打开家里阳台的窗户，欣赏对面梅堰小区居民楼的楼顶。"居民楼楼顶现在被美丽的彩绘图案装饰一新，不仅扮靓了城市'颜值'，更增添了一

[①] 《亚运吉祥物"跑"上楼顶 杭州临平老旧小区换上"新装"》，《光明日报》客户端，2022年2月21日。

灯光掩映下的彩绘　　　　　　　　为51栋居民楼涂装

番韵味。"李女士开心地说[①]。

一幅幅反映临平老底子文化底蕴和亚运元素的彩绘，让原本普通的楼顶变得活泼灵动。

除了理想家园小区，附近珑昕泽第、碧天家园等小区的居民都可以欣赏到这些色彩鲜艳、栩栩如生的彩绘。从天空俯瞰，细心的人还发现，一幅幅楼顶彩绘拼接起来是一幅完整的画，上面还有很多临平元素：东来阁亭亭玉立，杜鹃花灿若云锦……此外，楼顶还有三个可爱的亚运吉祥物，憨态可掬，活泼又生动。一幅幅彩绘，笔墨之间尽揽临平风味，感觉普通的住宅楼顶瞬间变得"高大上"了。

此外，在不远处的高架上，来往车辆也能一饱眼福。彩绘不仅扮靓了城市"颜值"，更让它增添了一番韵味。

---

① 《守护"老底子"风情　51幅楼顶彩绘尽显"临平风味"》，杭+新闻客户端，2022年2月11日。

（二）楼顶彩绘的诞生

"办好一个会，提升一座城"，城市建设阵地是社区党员干部更广阔的赛场。梅堰社区依托老旧小区改造、基层治理、文明宣传等工作，将亚运元素融入城市有机更新项目。

2022年1月中旬，梅堰社区着手启动楼顶彩绘项目，为小区51幢居民楼楼顶制作彩绘，耗时20多天，历经多道工序，共完成51幅彩绘。这些彩绘共分为6大主题，分别是梅堰渔火、迎亚运、临平古文、临平山、临平滚灯文化和藕花汀洲，尽展临平独特的文化风韵。

让老楼因亚运焕发新生机的点子，是梅堰社区集思广益的结晶。梅堰社区通过"小区圆桌会""五瓣梅"等居民议事协商平台，小区党委汇集51位威信高、懂工程的热心党员和居民，成立"小区共建团"，充分发挥党组织、党员在小区治理中的引领带动作用，在决策中融入当地特色，为营造赛前氛围做好服务，让社区平添了几分国际味。

华灯

第二节　爱在身边——红十字生命礼赞

梅堰社区依托社区与省红十字会"两捐"中心的党建结对优势，强化"生命之光""种子计划""爱在身边"三个子项目，将社区打造成全街道，乃至全区、全市的红十字工作亮点品牌，在社区内形成"人道、博爱、奉献"的氛围。

（一）"一社一品"下的红十字

随着城市化发展的日益推进，临平街道在党建引领下，积极创建"一社一品"特色品牌。临平街道党工委委员董永良认为："通过'一社一品'项目的创建与推动，每一条线上的工作都持续得到推进，逐渐形成社区建设'1+X'的新局面，'1'是每个社区的特色亮点，继而助推各项中心工作的推广，将民生效应发挥到最大。"

时任梅堰社区党委书记陈敏晓深知身上的责任与担当，作为"当家人"，如何让"老社区"焕发"一社一品"新光彩，一直是她苦苦思索的问题。

陈书记在日常走访中，了解到社区有多位居民自愿捐献人体器官，这让她在打造社区品牌特色方面有了新想法。陈书记随即通过区红十字会牵线搭桥，与浙江省红会"两捐"（造血干细胞捐献、人体器官捐献）支部达成共建协议，以"生命之光""种子计划""爱在身边"等项目为主题，打造起围绕急救知识、医疗常识教育为核心的"一社一品"特色服务品牌。

第三章 梅堰社区工作成效

1 | 2
3

1. 红十字活动培训现场
2. 红十字急救培训现场
3. "救在身边"急救侠队

2010年，梅堰社区成立社区红十字服务站，在街道红十字服务站的领导下，一直致力于加强会员、志愿者管理，扩大救护培训，开展人道救助等工作。

（二）打造"临梅红"品牌项目

红十字是一种精神，更是一面旗帜。临平街道梅堰社区为弘扬"人道、博爱、奉献"的红十字精神，整合多方资源，积极推动红十字精神扎根社区、融入百姓，让爱心来敲门，传递红十字的暖人温度。

1. 成立红十字博爱家园

2021年，梅堰社区打造"临梅红"品牌红十字博爱家园项目，进一步建立健全红十字基层组织，开展红十字特色的防灾减灾、应急救护、逃生避险、自救互救、健康卫生等社区工作，建立红十字博爱基金，强化社区公益设施建设，发挥红十字基层组织宣传、交流等窗口作用，增强梅堰社区红十字基层组织的可持续发展能力，促进红十字基层组织发展及能力建设的壮大提升。博爱家园项目主要针对社区居民、辖区在校学生、红十字志愿者开展一系列项目活动，最大限度地减轻灾害和突发事件带来的损害，让困难人群得到帮扶和救助。目前，社区红十字会拥有注册会员385人，志愿者500余人。博爱家园项目投入资金28.9万元，于2021年4月开始实施，于2021年12月顺利完成。

2. 打通红十字研学路径

2022年，梅堰社区贯彻落实浙江省"微改造、精提升""建设大花园"等行动，打通"爱在身边，生命礼赞"为主题的红十字研学路径，通过各种渠道和资源，在生活中让群众受到红十字精神潜移默化的影响，形成正确的价值观与社会责任观，让"人道、博爱、奉献"精神深入人心,形成良性循环,同时也呈现出"处处能学、时时可学"的红十字研学新面貌。

一是构建生命长廊。梅堰社区依托"生命"这一主题持续营造浓厚的氛围,打造百米红十字宣传长廊并定期更换宣传图文。

二是走进校园活动。梅堰社区开展红十字会志愿服务进校园活动,加强少年儿童对志愿服务的认识,增强他们的参与度,利用辖区内校园集中的优势,针对不同年龄段设计多样化的活动,将校园文化与红十字会志愿服务有机结合起来,使红十字精神得到传承和发展。

三是打造礼赞公园。梅堰社区通过改造,打造红梅小站——生命礼

守护生命 "救"在身边

小小海豚志愿队

赞公园,点位覆盖红十字科普知识,社区造血干细胞捐献者及遗体、角膜捐献者(家属)、无偿献血者代表事迹等内容,弘扬"人道、博爱、奉献"的红十字精神。

四是坚持爱在社区。梅塘社区积极打造"移动微学堂""网络微课堂"项目,将群众最需要、最关心的服务送到社区居民家门口,通过互联网、智能手机、模拟实际操作等手段,使社区广大居民及时了解红十字运动知识、精神、理念及红十字会工作动态,学习应急救护知识,做到随到随学、即学即会。

随着这一特色服务品牌的建立,相关的社区活动受到居民的欢迎,在为居民普及急救、自救知识的同时，也在居民群体中营造起互帮互助的和谐氛围。"我们所做的活动是大家感兴趣且乐于接受的，所以社区在居民之中的信赖度也越来越高。"陈敏晓书记自豪地说。

（三）红十字的骄人业绩

1. 聚焦重点，深入打造社区红十字品牌化

多年来，梅堰社区以"生命之光""种子计划""爱在身边"三个子项目深入打造社区红十字志愿服务项目品牌。

"生命之光"永放光芒。梅堰社区打造的百米红十字宣传长廊，定期更换宣传图文；生命博爱之路、生命礼赞主题公园、红梅小站、"救在身边"应急救护实践站等公共场所依托"生命"这一主题持续营造"生命之光"的浓厚氛围；社区所属的名师工作室和实训基地定期开展以救护知识和技能为主的培训，积极倡导民众的自救互救，实现普及急救培训的初衷。2021年，社区红十字组织考证培训2次，三季度参训37人，四季度参训32人，考证合格率100%。截至2021年底，社区持证人员已有275人，占常住人口的5.5%。2021年每月一次的普及性培训惠及1600余人次，居民覆盖率超32%。初生的太阳绽放耀眼的光芒，照射着每一个地方和每一个人，而梅堰社区所做的，就是让这束"生命之光"照耀到社区的每一个角落。

"种子计划"生根发芽。梅堰社区依托区、街道的红十字会，进一步做好五支志愿者队伍（小小海豚志愿队、名师工作室服务队、"救在身边"急救侠队、红梅志愿者服务队、小手大爱梅堰分队）的建设，提升志愿者的服务能力，让志愿者更好地传递爱心。一是建立健全志愿服务制度，加快志愿服务信息化建设步伐，提高志愿者招募的规范化、

培训的专业化水平，实施博爱超市积分兑换细则，采用激励措施，提高志愿者的积极性。二是加强青少年儿童对志愿服务的认识与参与度，整合辖区内校园集中的优势，针对不同年龄段，设计多样化的活动。如成立小小海豚志愿队，将红十字急救元素融入幼儿园；成立小手大爱梅堰分队，采用大手拉小手的形式，让红十字理念深入家庭，开展红十字宣传服务活动。三是加强自身建设，通过多方宣传，吸引更多的专业人士加入名师工作室服务队，让原有的志愿者队伍更加专业化、制度化、规范化。志愿者队伍中的每名志愿者就如同一粒种子，志愿活动就如同土壤，种子埋在土里，拼命地生根、发芽。

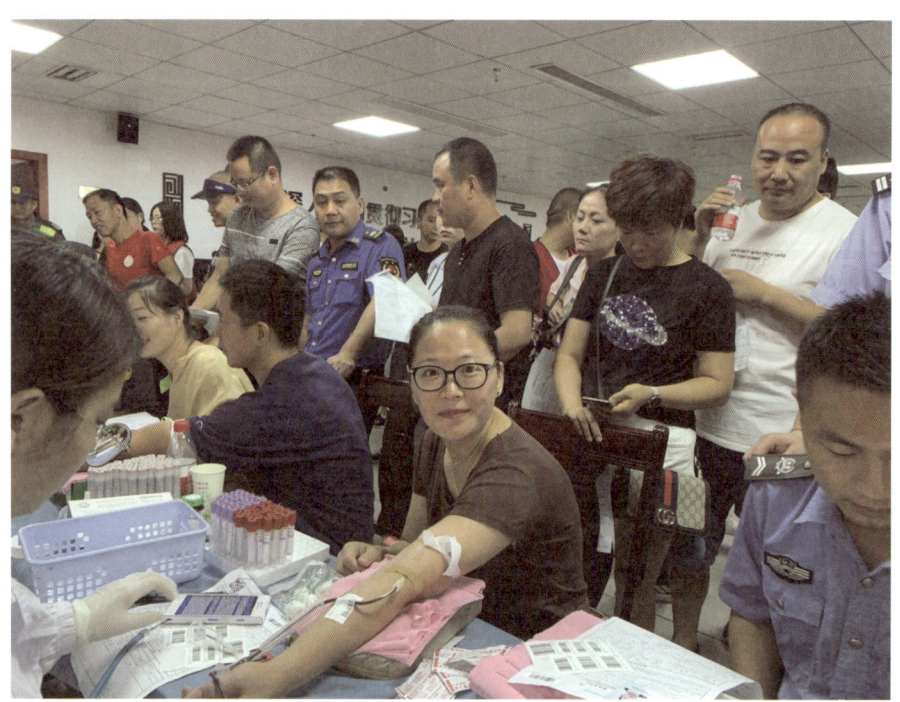

在街道组织的献血活动中，梅堰社区志愿者踊跃献血

第三章　梅堰社区工作成效

种子计划名师工作室

"爱在身边"温暖你我。梅堰社区依托省、区、街道红十字会，与浙江省两捐中心结对开展服务工作，提升居民"爱在身边"的幸福感、认同感、获得感。围绕"五八"世界红十字日、世界献血者日、世界急救日等各类节日，开展相关主题宣传活动。除了推出救护知识讲座，还开展爱心回访活动，走访慰问社区造血干细胞捐献者陈龙世权，遗体、角膜捐献者周相彩、马亚静、严幼敏（家属），无偿献血者代表曹荣丽等志愿者。通过爱心回访，定期关心捐献志愿者，让他们在奉献他人、奉献社会的同时，感受到社会的温暖。另外，社区邻里中心每周一上午都会开展免费义诊及免费理发活动，形成服务长效机制，为居民开展志愿服务。

2.党建引领，推进红十字志愿服务常态化

站在新的起点上，梅堰社区红十字志愿服务工作充分发挥党员志愿者的引领作用，坚持以服务群众为中心，结合组团联合进社区活动，形成党组织整体联动模式，真正发挥党员志愿者服务工作、奉献社区的作用，促进志愿服务制度化、常态化，开创了志愿服务工作新局面。

合理设置党员志愿者服务岗位。在党员志愿者中开展"设岗定责"活动，根据党员志愿者的能力素质、特长优势，设置扶贫帮困、关心下一代、法律服务、治安巡逻等岗位，发挥共产党员先锋模范作用，积极拓宽党员志愿者服务群众的渠道，将志愿服务打造成为社区居民的满意工程。

全心打造"移动微学堂""网络微课堂"项目。梅堰社区将群众最需要、最关心的服务送到社区居民家门口，通过互联网、智能手机、模拟实际操作等手段，让社区广大居民及时了解红十字运动的知识、精神、理念，红十字会工作动态，学习应急救护知识，做到随到随学、即学即会。推进社区志愿服务常态化，为群众提供精准服务，发挥共产党员的先锋模范作用和博爱的红十字精神，让受助群众切实感受到党和政府的关爱，社会大家庭的温暖。

3.强化宣传，不断扩大社区红十字的影响力

立足区情，拓宽宣传渠道。梅堰社区把辖区内学校列入宣传工作的重点对象，与学校联手开展系列主题活动，扩大红十字工作的宣传覆盖面。如开展红十字会志愿服务进校园活动，将校园文化与红十字会志愿服务有机结合起来，使红十字精神得到了传承和发展。

选树典型，宣传红十字典型事迹。梅堰社区将社区涌现的器官捐献

人员的事迹以讲故事的形式通过二维码进行展示,将社区献血达人曹荣丽、造血干细胞捐献者陈龙世权的事迹通过展板予以展现,将他们无私的精神发扬下去。

借助多种平台,创新宣传形式。为提高社区流动人员对红十字会的知晓率,组织志愿者来辖区各沿街商铺,通过发放无偿献血、造血干细胞捐献宣传单等方式向各经营业主进行了一次较为全面的红十字会知识宣传。利用宣传屏滚动播放红十字救护知识,让群众受到潜移默化的影响,形成正确的价值观与社会责任感,让"人道、博爱、奉献"精神深入人心,形成良性循环。启动红梅小站,以"人道救助＋志愿服务"的新理念,为居民搭建更便捷的服务渠道,成为社区博爱家园的宣传阵地。

站在实现"两个一百年"奋斗目标的历史交汇点上,梅堰社区创造了极不平凡的收获与成就,憧憬注定更加精彩的未来,梅堰社区正以坚如磐石的信心、只争朝夕的劲头、坚韧不拔的毅力迎接新的未来。

第三节　梅好家园——家门口幸福学堂

（一）打造幸福学堂的呼唤

梅堰社区是临平城区第一个重组成立的社区，下辖6个小区党支部，在册党员192人，辖区内有二幼、二小、三中等4个党建共建单位。梅堰社区管理着4个小区，其中梅堰小区是20世纪90年代初建造的开放式住宅小区，共有住宅66幢，涉及住户2463户，是典型的老旧小区，公共配套空间不足、环境秩序较乱、党员群众凝聚力不强一直是社区的三

全市党群服务最优项目打擂比武

第三章 梅堰社区工作成效

幸福学堂活动现场

大痛点。临平街道党工委和梅堰社区党委以党建为引领，以老旧小区改造提升项目为抓手，通过提升小区环境，配套公共活动空间，打造具备"一体五翼"服务功能的梅堰党群服务中心——梅堰驿，启动"梅好家园——家门口幸福学堂"项目，让周边的社区居民共同体会城市化带来的美好生活感受，实现社区的全面转变。

（二）打造幸福学堂的目标

打造幸福学堂的目标是：以党建共建、党员助力为方向，通过资源共享、活动联办的方式，实现党群服务一体化，成功打造了十五分钟家门口幸福学堂党群服务圈。

腰鼓课堂

瑜伽课堂

"梅好家园——家门口幸福学堂"项目主要聚焦民生实际需求，实现五个精准服务：聚焦为小服务，打造婴幼儿成长驿站、亲子课堂；聚焦为少服务，打造校社第二课堂；聚焦为老服务，打造家门口的老年大学；聚焦精神文化需求，打造红色学堂；聚焦社会工作需求，打造专业化的社会工作学习驿站。

（三）打造幸福学堂的路径

1. 充分发挥党组织的战斗堡垒作用，打造家门口幸福学堂。临平街道党工委、梅堰社区党委始终坚持党建引领、多方参与、同频共振的理念，逐步探索出"社区党群阵地＋政治功能、引领功能、教育功能、服务功能＋特色创新"的"1＋4＋N"工作新模式，统筹2800平方米的党群阵地资源，以"青梅培育、红梅助力、梅英共享"为载体（青梅培育主要是针对青少年活动，红梅助力指党员红梅志愿者，梅英共享是老年党员骨干的自我服务），营造人人参与、人人享有、人人奉献的氛围，切实为居民提供家门口的学堂服务。

2. 充分发挥党群服务联盟专业作用，打造多维度幸福学堂。加强党建与社区"家"文化的融合，把党建共建元素与各项社区工作深度融合，助力社区教育：与二幼党支部携手打造亲子沟通课堂，共破学龄前亲子教育困境，在寓教于乐中实现儿童教育大提升；与二小党支部携手打造红领巾阵地，通过学党史、听红色故事、看红色电影、体验"重走长征日"主题党日等形式，共破小学生红色教育困境，在校社红色第二课堂中实现爱国教育大提升；与三中党支部携手打造青梅实践公益基地，通过引领青少年志愿服务，共破初中生活动无阵地的困境，在家门口实现"强国有我"服务大提升。

3. 充分发挥"双报到"党员先锋作用，打造同参与幸福学堂。梅堰社区党委通过"双报到"党员，以党建"微行动"实现社区群众的"微心愿"，并参与家门口幸福学堂的志愿服务。其中"双报到"党员认领学堂各类微心愿300余件，捐助各类绘本等1200余册，满足社区广大居民的阅读需求；参与学堂讲课、学堂秩序维护等志愿服务200余人次，实现"我为人人，人人为我"的良好氛围。社区党委同时依托全区首所社区"家门口的老年大学"，挖掘骨干党员，自发组建了书法绘画、瑜伽韵动、交谊舞韵、红歌声乐、太极雅韵、豆妈绘本、梨园戏曲、健康+、科技手工等十余个学堂课程，以兴趣为动力，以服务为目标，以需求为导向，真正实现"民呼我为"，让居民们在家门口就能享受高质量的学堂服务，让小区党群服务中心成为居民离不开的幸福家园。

（四）打造幸福学堂的成效

1. 实现了从无到有的突破。梅堰驿作为老旧小区提升改造的配套公共设施，功能完善、设施齐全，实现了社区学堂的零突破。"梅好家园——家门口幸福学堂"项目从2021年4月启动以来，居民实现从有需求没场地去，到有条件、有服务的转变，每天到幸福学堂学习的居民逐渐增加，从刚开始的每天100人次增加到250人次；课程也从最初的量少、单一、不固定，到现在的常态化，居民群众的学习主动性被激发。截至2022年6月，幸福学堂已开展各类活动237场，参与党员360余人次，服务群众12800余人次，梅堰驿成为辖区范围内最接地气的社区党群服务驿站。

2. 实现了从单一到全面的突破。从原先社区组织活动项目单一，居民参与积极性不高，到党建资源融入，实现社区党建联盟项目化，居民报名火爆;从单一的"家门口的老年大学"到现在的"亲子沟通课堂""红色第二课堂""红色学堂"以及"社会工作学习交流课堂",活动品种繁多、琳琅满目;从被动需求到党建菜单式主动服务,梅堰社区党委聚焦居民实际需求,民呼我为,实现了从幼儿到老人、从普通群众到社会组织全生命周期的学堂覆盖,极大地丰富了居民群众的业余文化生活。

3.实现了从业余到专业的突破。辖区各类党组织、公益团队、居民兴趣小组等以幸福学堂为载体,实现党建公益联盟。通过党建引领,社会组织参与,实现孵化培育、项目开发、资源链接,不断完善幸福学堂的服务机制。居民从要我学到我要学,从随便玩玩到系统化学习,内生

与二小党支部携手打造红领巾阵地

学习动力不断增强。从需求对接到参与积分,从自娱自乐的自发学习到党建资源介入,学堂的专业化和团队化不断升级,共同破解了辖区婴幼儿照护难、青少年放学无人管等难题,社区凝聚力进一步提高,居民幸福感、获得感大幅提升。

第四节 加装电梯——三合三力见实效

梅堰小区是20世纪90年代初建造的开放式住宅小区,共有住宅66幢,215个楼道,涉及住户2463户,其中60岁以上的老年人占社区居民数的20%以上。

梅堰社区党委结合社区老旧综合改造提升项目,把解决民生需求作为着力点,破解走楼梯"上下两难"问题,本着"业主主体、社区主导、政府引导、多主体参与"的加梯原则,以"核心、合力、和谐"党建工作法叠加"借力、用力、助力"群众工作法,让社区的老人们真正感受到"一键直达"的幸福感,真正享受上下自如的美好生活。

电梯方便居民出行

加装电梯成果显著

新装电梯即将启用

（一）党建核心担当，破局见真功

一是党建引领，三级助力。梅塆社区组建了加装电梯协调专班，在改造项目部下设置加梯办公室，搭建了临时党支部—加梯协调组—群众工作小组三级组织架构。二是多方联动，各方发动。充分发挥临时党支部的作用，把街道、社区、小区、业委会、网格、驻区单位、电梯公司等机构和单位的党员骨干都动员起来，统一思想，凝聚力量。三是主动出击，摸清民意。将社区网格长、网格员的力量纳入老旧小区综合改造工作中，广泛宣传老旧小区加梯的好政策，通过走下去、请进来等方式，通过在居民聚集的地方设模型展台当面解答、走访上门入户告知、电话微信交流沟通、单元楼道公告信息等形式进行宣传。社区在小区主要通道、楼道口贴公告；在微信发布加梯政策、流程等；组织居民到西奥电梯、加装电梯的小区，现场看、听、乘，亲身体验，消除居民疑虑。社区发动骨干党员和居民小组长共同参与，集中力量上门征询意见，一个月内有159个单元达成初步意向，极大地推动了加装电梯工作的顺利进行。

（二）各方合力共促，规范见实力

一是建立制度。加梯协调组下设的四个工作小组实行日值班、周例会、月小结制度，做到"三个一"：做一张工作进度表、记一本居民接待本、一楼道建一档案。大家宣传政策、征询加梯意愿、签署加梯意见，以"应装尽装"为原则，全力推进加梯工作。二是挂图作战。各小组间开展比拼，将是否达三分之二居民同意、公示期间有无书面反对意见、开展楼道协商等作为要素，根据小区改造整体施工计划，紧扣各时间节点，分期分区域有序推进。三是引入监督。发掘吸收懂行的居民加入"居民共建团"，全程参与电梯的安装施工，监督工程质量，让居民安心、放心。四是共融助推。梅墧路13号小区的居民加梯意愿强烈，但加梯与出行困难、停车困难及绿化减少相矛盾。要不要加梯？社区、业委会、物业、小区居民一起商议。如何破难？组织EPC设计、监理、西奥电梯一起现场丈量，从专业角度出发提供方案。谁是主角？社区主动走访，明确业主的加梯主体地位，发动小区业委会、网格居民中的能人，因地制宜提供优选方案。

（三）自治和谐共商，邻里见真情

加装电梯是一项浩大而烦琐的工程，有收集材料、统一意见、落实经费、编制方案、落实安装、后续管理等一系列事务。一是解决邻里矛盾借力。明确楼道居民的主体地位和责任，加装电梯涉及楼道内的每户居民，低楼层的有顾虑，高楼层的有想法，出租的不热心，想卖的不参与……梅墧社区倡导居民自治、民主协商议事，让大家充分发表自己的看法，利用时机助推调解邻里矛盾。二是党员热心居民助力。充分发挥楼道内党员、热心居民的骨干带头作用，物色推选热心的牵头人，街道、社区配合穿针引线、糅合各户，晓之以理，动之以情，让各户居民相互体谅、感恩。三是民主协商用力。运用社区"五瓣梅"议事机制，组织楼道召开加梯民主协商会，形成加梯工作闭环"六步曲"，即确定楼道加梯方案—建立楼道微信群—推选楼道代表—协商楼道加梯资金分摊和后续运行管理费用—制定楼道文明公约—签订加梯合同，营造"楼道事大家议、楼道情共维系、邻里一家亲"的单元氛围，共筑基层群众自治"同心圆"。

（四）天时地利人和，真心见实效

加装电梯绝非易事，需天时地利人和。党和政府出台的加梯好政策是天时，老旧小区综合提升改造是地利，考验楼道居民的是人和。做好人的工作，就能顺利推进。一是初心需坚守，主动服务是良方。做群众工作，归根结底，离不开一个"心"字，不用心，就做不到将心比心，也谈不上不忘初心，更达不到心心相印。需用"心"说理。同住一幢楼，和睦的邻里关系尤为重要。如果邻里之间仅仅为了"加装电梯"的分歧而闹出一大堆的矛盾和纠纷，显然是"不明智"的选择。因此，要从邻里"情"入手，用"心"感受，对反对者动之以情，晓之以理，使反对者从"情理"的角度同意并支持"加装电梯"。这就要求社工人员沉下心、勤走动、多倾听，针对老百姓普遍关注的加梯后产生的噪音、采光、隐私、费用等问题，请居民去已加装的小区亲身感受，请成功加装电梯的楼道代表介绍相关情况。上门与楼道内不同意加梯的住户进行沟通，从交流中查找和发现住户的深层需求，尽量帮助协调，为促进加梯提供条件。如13幢2单元1楼住户提交书面反对意见，加梯协调组和社区上门交流，通过两个多小时的谈心，让住户把心中的委屈说出来，主动提出改善和解决的建议，争取楼道协商（一楼半加连廊），推进加装进程。二是骨干当先锋，巧用群众工作法。梅塆社区充分依托网格—楼栋—楼道三级居民组织网络，相信群众、依靠群众、发动群众、组织群众，充分发挥社区党员和热心居民的骨干作用，居民事自己管，居民事自己议，真正体现楼道自治功能。低层住户对装电梯有疑问、有顾虑，自己用不到还因为采光、噪音等问题影响生活质量。梅塆社区请该住户信任的、同样住低楼层且已安装电梯的居民一起去实地感受并交流安

综合组党支部

装电梯后的感受,解除他们的疑问,化解他们的顾虑。邻里情化矛盾。百姓百条心,不想加梯的理由千奇百怪,梅堰社区请高楼层的住户主动与低楼层的住户进行沟通,向他们表达谢意和诚意,了解和解决低楼层住户的需求,推进电梯加装工作进程。挑责任共商议。梅堰社区积极引导楼道党员,主动协调,带头担当,共商议事。如梅堰小区11幢1单元1楼有房主觉得加梯对一楼没有好处,通过沟通知道该房主家没有自行车库,了解情况后楼道党员主动提出让出自己家的自行车库,楼道协商得以顺利推进。三是支部来联动,部门协力不可缺。梅堰小区加梯工作开展以来,目前已成功加梯100余台,是临平区加装电梯最多的小区。

加装电梯作为"民心工程"之一，是百姓生活中的"关键小事"，加梯的进度直接或间接影响居民的居住环境和口碑。20世纪90年代的老房子加梯情况复杂，涉及电力、水务、燃气、弱电等多个部门，需要各方精准配合、规范施工，才能让民生工程深入民心。梅堰社区加梯临时党支部负责牵头，每半个月召开一次施工进程会议，邀请党员和楼道代表参加，及时会商解决加梯各环节的问题，及时反馈居民共建团发现的问题，形成施工闭环，加快加梯进程，让民生工程成为明星工程。

第五节　梅好生活——四招破题换新堰

2018年4月，习总书记在湖北考察时强调："只要是有利于老百姓的事，我们就要努力去办，而且要千方百计办好。"①

一直以来，梅堰社区牢记总书记的殷殷嘱托，紧盯民生、民意、民需，以民生实事项目为抓手，实干而行，持续、深入、全域推进老旧小区改造，不断改善社区人居环境。

梅堰社区党委书记沈娟娟以推动者、指挥者、亲历者的身份向笔者讲解梅堰小区老旧综合改造提升项目情况。

据沈书记介绍：2020年，临平街道要求以"综合改一次、一次改彻底"工作理念推动老旧小区改造，同时要求以"全龄安康、数字共享"为特色，以民生为本、服务为基、幸福为要，聚焦立面、环境、停车、安防、管理等重点，融入未来社区场景，打造老旧小区改造的示范标杆。临平街道旧改工作还要求以"保持旧肌理、增添新功能、体现老味道"为核心，补齐民生短板，推动改造设施和完善服务相结合，高质量推动老小区精彩蝶变。

沈娟娟书记说："梅堰小区建于20世纪90年代，有住宅66幢，涉及2463户，是临平街道相对老旧的开放式住宅小区。城市开放小区有的

---

① 《习近平在湖北考察时强调　坚持新发展理念打好"三大攻坚战"　奋力谱写新时代湖北发展新篇章》，《人民日报》，2018年4月29日，第1版。

问题,我们小区都存在,如停车无序、线路私拉乱接、公共设施破旧、屋顶渗水、消防安全隐患突出、养老托幼等配套设施缺乏问题对小区居住环境影响很大。多年来,居民要求改造的呼声很强烈,但真的开始改造,要把'房子'变成'家园',就要以居民的实际需求为根本,而百姓有一百条心呀,在这个过程中,协调最重要。"

谈到改造推进过程中的经验做法,沈书记介绍了社区的四招破题法。

居民共建办

新建的市民客厅

第一招：小区更"新"，样板示范

"保笼革命"，率先破局。临平街道打响全区旧改"保笼革命"第一枪，梅堰小区实现"保笼全拆除"，共拆除保笼12000余个，面积达7.3万平方米，拆出了小区的"颜值"，拆出了"生命窗口"。

"最多改一次"，一次改彻底。旧改项目是一个系统性工程，梅堰旧改以民为本，通过优化建筑立面、整合序化楼道管线、统筹完善市政管网建设、合力推动楼栋加梯等措施，多渠道、多方位满足居民的生活居住需求。

"见缝插针"，串珠成链。旧改项目保留了小区旧有的雕塑、水塔、老树等"老底子"元素，以1.5千米的健康绿道串联起小区红十字、廉政、法治、文化等11个主题节点小公园，丰富居民的休闲娱乐空间，让老百姓在家门口享受健康生活。

第二招：服务安"心"，全龄安康

为打造有温度的社区服务，旧改工程考虑到周边居民的需求，想方设法腾出空间。梅堰社区打造了2800平方米的邻里中心，由市民客厅、集中配送餐中心和社区卫生服务站三大板块组成，植入智慧养老、社区医疗、婴幼驿站、青少年活动中心、社会组织发展平台、幸福学堂等功能，着力打造全区功能最齐全、服务最完备的家门口的邻里共享中心。

党员们重温入党誓词

梅堰社区还结合居民的实际需要，建立社区综合治理中心，以"最多跑一地"理念，合理嵌入各项公共服务，完善"关键小事"等便民服务，实现公共服务需求与供给的有效统一。

第三招：党建铸"芯"，全民参与

"社区连万家，改造靠大家。"梅堰社区坚持开门问策，聚焦百姓所需所想所盼，推动更多金点子落地。

临时党支部聚合力，街道、社区、网格同频共振，成立"解忧工作室"居民服务工作组，搭建"小区圆桌会""五瓣梅"等居民议事协商平台，以在家门口、单元议事为载体，助推旧改、加梯等民生实事落地，目前已成功加梯100余台，数量位列全区第一。

梅堰社区共建团聚民心，聘请了51名威信高、懂工程的热心居民，自发成立"小区共建团"，全过程参与项目实施建设，集民意、化纠纷、督工程、促实效，助推旧改工程顺利实施。改造后，小区内停车位由原先的200个增加至600余个，解决了小区的一大难题。

第四招：智汇复"兴"，畅享生活

以"智"谋"祉"，维护改造成果。通过改造，将原来的开放式住宅区块改造为智能闭合式管理，按照智慧安防"1+3+X"的要求，全面升级小区智慧设施。"1"是指构建智慧安防信息平台；"3"是指实现车闸、人闸和监控全覆盖；"X"指实施智慧消防、智慧水务、智慧养老等措施，全面提升小区安全。

以"网"融"居"，强化共治共享。以党建引领"物居业网"融合自治管理模式，引入专业物业服务企业，成立社区化物业监督议事小

临平街道集中配送餐中心

组,通过开展"先锋日""谏言日""协商日""邻里日"等载体,小区问题在小区内解决,共同编织共治共享幸福网。

2020年5月,梅堰社区旧改项目正式进场施工,一年后,旧改工程全面竣工,小区有了质的变化。

从"全面小康"向"共同富裕"进阶的新征程,小区旧改承载着群众美好生活需求的使命,梅堰社区四招破题,围绕全生活链服务需求打造美好家园,让居民看得见、摸得着、真实可感旧改工程的实效,极大地提升了百姓的幸福阈值。

梅堰社区居民自创了一首小词:"河边屋舍俨然,小区悄然换颜。旧宅电梯加装,大道向上通云天。推门见绿意,移步入公园。草木高低错落,芳菲四周萦绕。欢歌笑语邻里情。"

这就是梅堰!这就是改造后的梅堰!

第六节　物居业网——共治共享新气象

（一）物居业网的兴起发展

临平街道下辖15个城市社区，92个生活住宅小区，寻求良好的社区末端治理服务载体一直都是街道探索的重要议题。

2020年9月，临平街道在辖区内的28个小区开展"物居业网"工作试点。所谓"物居业网"，就是依托"物业、社区居委会、业委会、社区网格"的力量，激发居民参与社区共治、共建和共享，不断提升居民的幸福感和满意度。推进"物居业网"融合是临平街道贯彻"以人民为中心"理念的重要举措，也是改善人居生活品质的重要方式。

为了更好地发挥党建引领作用，临平街道因地制宜，在达成党支部对各小区全覆盖的基础上，深化"物居业网"融合联管模式，开展"小区先锋日""小区谏言日""小区协商日"和"小区邻里日"等四个小区固定日活动，将服务、接待、协商等理念延伸到每个居民小区。其中，"小区先锋日"主要在各小区中因地制宜地开展修电动车、配钥匙、家电维修、量血压等各类志愿便民服务；"小区谏言日"是在固定接访点接待群众来访，变被动接访为主动下访，及时化解矛盾纠纷；"小区协商日"是根据前期收集的小区议题，组织居民开展民主议事协商会，协商解决小区建设、发展、治理等问题；"小区邻里日"是组织居民创办烘焙、手工、舞蹈等各类兴趣小组，开展家庭亲子活动或健身运动等活动，营造和谐小区的良好氛围。

第三章 梅堰社区工作成效

以打造平安小区为目标,推动小区有序、安全的出租房管理

守门行动:幸"盔"有你守护行动("守门行动"物居业网齐参与,助力小区民众"系"上安全)

台风来临,组团联社、网格员排除小区安全隐患

临平街道还结合各试点小区的实际推进情况，制定、健全相关考核办法，提高"物居业网"四方治理的主动性和积极性。

（二）理想家园的"红管家"

理想家园小区东起梅堰小区，西至梅堰路，南临安宁街，北至邱山大街，于2011年交付使用，由9幢小高层、1幢多层住宅楼组成，总占地面积约4万平方米，总建筑面积约12万平方米，共有居民676户。小区分为景院和和院两部分，幽静的小河穿过小区，建筑风格现代又不失典雅，治安良好、邻里和谐的理想家园小区是一个理想居住之选。

在临平街道党工委办事处和社区党委的指导下，梅堰社区积极推动物居业融合发展，谋划理想家园小区"红管家"工作方案，联合业委会党员、社区网格支部、"双报到"在职党员、物业红色党小组，成立了理想HOMES"红管家"党支部。"红管家"是指由社区、居民议事委员会、网格党支部与物业等党员代表集结组建，参与小区事务管理、决策的一种自管模式，也是梅堰社区党建品牌的重要组成部分。

为推进"物居业网"融合工作，梅堰社区组建理想HOMES"红管家"功能性党支部，把有能力、有责任心、有公心的

抗击疫情　党建引领　"物居业网"齐行动

同志选入"红管家"党支部班子成员,黄建跃任支部书记,顾维微、吴梦婷任支部委员,另有业委会党员6人,物业管理人员党员1人,网格党支部党员16人,"双报到"党员92人。同时,采取"居民自荐+社区推荐"的方式,成立由网格长担任组长的监督议事小组。另外,"红管家"还以党支部为轴心,根据不同主题和现实需求,挖掘小区内的专业人士和居民骨干力量,由理想家园物业党小组、理想家园网格党支部、小区内"双报到"党员、业委会成员、社区组团联社成员、社区居民及社区工作人员、网格员等组成"红袖章"志愿服务队,参与小区各项志愿服务活动,通过组织一系列活动发挥基层党组织和党员干部的领头作用,激发社区治理创新活力,全面推进基层治理体系和治理能力现代化。

(三)"红管家"的工作机制

"红管家"分别建立了联席机制、议事机制、调解机制和处置考核机制,积极推动"物居业网"四方联席会议,不断提高居民的获得感和满意度。

1. 联席机制

"红管家"积极推动物业服务公司、社区居委会、业主委员会、社区网格人员四方联席会议,每月定期召开一次,与会四方人员进行联席协商,梳理阶段性工作,商讨小区居民热点问题,将小区存在的问题及矛盾摆上桌面,通过民主协商议事,争取各方共识,凝心聚力,落实各方工作清单。

2. 议事机制

"红管家"以"和聚力"议事亭为平台,建立线上理想HOMES居

小区垃圾分类宣传到位,设置垃圾分类形象"梅美",让理想家园垃圾分类工作开展更生动、形象

第三章 梅堰社区工作成效

全面出击　理想有我　做垃圾分类的先行者

民群和线上理想HOMES党员群，收集居民意见和建议，建立小区事务居民议事会议制度，每季召开业委会，每半年召开楼道业主代表座谈会，以"五瓣梅"议事方式（我学习、我倡导、我定规、我来议、我来办）为指导，形成小区事小区议、小区事共同办的议治共融新路径。如随着社会发展，居民生活水平日益提高，理想家园小区地下车库车位饱和，居民户数多、车位少，部分家庭存在有多辆汽车的情况，广大业主对于停车堵塞小区消防通道、占用消防登高地、造成安全隐患、邻里矛盾增多等情况抱怨很多。理想家园业委会与居民代表、党员代表、物业公司进行多方协商，广泛听取业主意见，决定打破原有的抽签模式，避免了"暗箱操作"，通过公共停车位先到先停的方式，做到车辆停放有序，维护了小区内的和谐生活环境。又如，为了杜绝小区私拉乱接充电的现象，"红管家"邀请业委会、物业公司、部分业主代表开展民主协商，建立小区电动车充电站，方便居民充电。

3. 调解机制

"红管家"以"景和解忧室"业委会调解平台积极化解小区居民日常生活的矛盾纠纷，依据法律法规、小区公约、社会公德等，在双方当事人平等自愿的基础上进行调解，增强小区内部的团结，与物业友好共处，共建和谐社区。

4. 处置考核机制

"红管家"采用线上收集、线下协商的方式，小区管理问题由物业

垃圾分类督导员入户宣传

公司及时解决，事关大区大事的，由全体业主表决，由业委会执行，由物业公司落实。业委会每半年对物业公司的工作进行评价，把结果反馈给社区，每年由物业向业主进行满意度调查，努力提高物业管理服务水平，社区择优进行表彰。

近年来，梅堰社区还以"梅美课堂"为载体，推动"移动微讲堂"进物业小区，开辟、整合"双报到"在职党员资源，定期与不定期地开展党建活动和宣讲活动，形成人人都是小区"红管家"的氛围。

梅堰社区通过"物居业网"四方努力，切实有效地破解了"污水零直排"工程、充电桩建造工程、丰巢快递柜移位和改造提升等一系列民生问题；推动了小区出租房的有序、安全管理；构建了高层消防安全管理；小区垃圾分类宣传到位，设置垃圾分类形象"梅美"，让理想家园垃圾分类工作开展得更生动、更形象。推行"物居业网"是临平街道梅堰社区不断探索基层党建工作的新成果，直面社会治理的难点、痛点问题，不断提高城市社区治理现代化水平。

志愿者在身边

第四章　梅堰社区特色活动

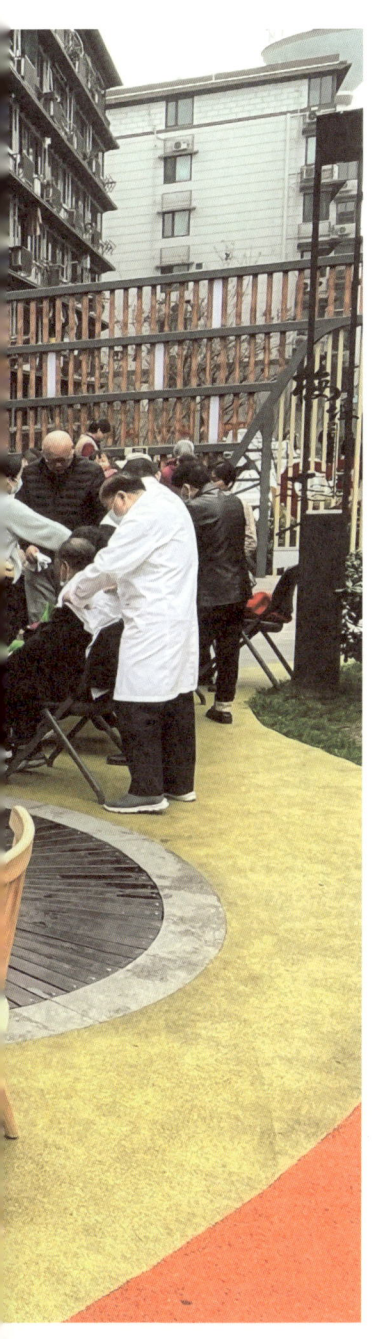

第一节　百家宴品美味

梅堰社区秉持打造管理同心、发展齐心、幸福贴心、睦邻暖心的城市区域化共同体目标，协同梅堰邻里中心、杭州三乐养老服务有限公司和梅堰红十字会，策划以"吾心安处是吾家，温暖幸福过小年"为主题的百家宴活动，以"食"为桥梁，以"拉近居民间关系"为纽带，为社区居民朋友提供一个交流美食、融洽感情、增进友谊、团结互助的平台，从而实现邻里间"相识、相知、相助"，进一步提升居民对社区的认同感、归属感和幸福感。

活动招募20组家庭，分别带上亲手制作的佳肴，并在现场一起包饺子，居民们一起品尝美食。

活动的宣传以线上线下相结合的形式进行，线下做邻里中心内横幅、海报等进行宣传，线上

居民们互相品尝美味

一起擀面包饺子

通过街道微信、社区微信、临平发布、电视台、社区微信群等方式进行宣传。

2022年1月20日下午,百家宴活动在梅堰社区邻里中心正式举行。参加活动的20组家庭,有居住了几十年的老居民,也有最近购房的新居民,他们带上亲手制作的佳肴来到现场,"张灯结彩"在两边,"花开富贵"在中间……50多道菜,光看菜名就让人垂涎欲滴。虽然大家带来的只是一份份简单的菜肴,却凝聚了深深的邻里情。随后,在场的居民一起擀面包饺子,彼此交流厨艺、增进友谊。

这次百家宴活动不仅增进了邻里间的交流,提升了社区凝聚力,还进一步营造了邻里团结互助、文明和谐的生活氛围,大家吃出了幸福味,共建了邻里情,真正实现了百家宴、一家亲。

第二节 儿童议事会[①]

什么是儿童议事会？儿童议事会就是调动儿童的小宇宙，代表和联动社区的孩子们参与社区治理和服务，用小眼睛发现社区需求，找到解决问题的办法，然后和大人们一起行动起来。为什么要建立儿童议事会呢？建立儿童议事会，聚焦儿童视角下的自我发展和社区发展，能畅通儿童需求的表达渠道，充分发挥儿童的参与权，培养儿童作为"社区小主人"的责任感和参与公共事务的意识，共同参与讨论社区事务，聆听儿童的心声，为儿童群体发声，培养儿童参与、发现、探索、思考的能力。

梅堰社区以孩子的视角、一米的高度出发，引导儿童发现问题，鼓励社区儿童参与社区公共事务讨论，提出建议，增强儿童对社区的归属感、获得感、参与感，增强儿童的体验感。

"下雨的时候到学校的那段路容易堵车，要下车步行，衣服鞋子都湿了。""家长接送孩子时车乱停乱放，我们进校门还要绕路。""我觉得可以设置专门的区域给家长停车。"2022年6月15日，临平区首个儿童议事会在临平街道成立，首批受聘上任的30名"小话梅"议事团成员围绕打造家门口的"无忧通学路"热火朝天地进行讨论。

[①]《一米高度看城市 临平首个儿童议事会成立》，《杭州日报》官方号，2022年6月15日。

第四章 梅堰社区特色活动

"小话梅"议事团成员接受聘书　　　　　　儿童议事会成立仪式

在议事现场，小小议事员们还就什么是"儿童友好"、社会治理成果如何让儿童共享等问题阐述自己对儿童友好城市建设的想法和建议。石羽心是临平二小四年级的学生，也是"小话梅"议事团的成员之一，她说："在儿童议事会，我们就是主角，自己的想法得到了认可，我感觉特别自豪，希望自己的建议可以带给城市一些改变。"

"别看孩子们年龄不大，提出的一些问题和建议却很有深度，小小的金点子蕴藏着大智慧。"临平街道妇联主席蒋秀娟介绍，日前，杭州发布《2022年杭州儿童友好10条》，引入"一米高度看城市"儿童视角，支持儿童参与城市建设和社会发展，"我们将儿童友好的理念融入街道社区发展的整体规划中，以儿童的视角去发现社会治理中细小的问题，再通过议事会的途径发声，让儿童的意见建议被倾听、被尊重、被接纳"。

此次上岗的议事员们还有另外一个身份——小区楼道长。"我们希望继续发挥他们'热心肠'的优势，让更多的孩子以观察员、提议者、参与者等多重身份参与到城市建设中来，打造街道特色儿童议事品牌。"蒋秀娟表示，儿童是城市建设中的一分子，儿童议事会为孩子们搭建起参与社会管理的平台，既锻炼了他们发现、探索、思考的能力，更为城市发展注入新动力，助力杭州儿童友好城市建设。

临平街道将把儿童议事会作为畅通儿童意见表达的渠道之一，不断吸纳更多优秀儿童加入议事团，并就儿童事务、社区治理、城市建设等角度开展议事活动，及时聚焦儿童需求新动向。值得一提的是，议事团成员们的意见建议经街道评定后，合理的提议将纳入民生提升工程，"儿童优先"将不再是一句口号。

梅堰社区鼓励孩子们勇敢发声，帮助孩子们懂"议事"、能"议事"，提升他们的表达能力和议事能力，让孩子们能有更多的渠道和方式参与社会发展和城市建设，能从精、从细地推动儿童友好社区建设。

第三节　梅堰社区百叟宴

自2003年起，梅堰社区每年都会举办"庆重阳·百叟宴"活动，如今该活动已成为梅堰社区的保留节目。"庆重阳·百叟宴"不仅增添了节日的气氛，还增强了老年人之间的沟通交流，活跃了老年人的文化生活，促进了社区的和谐建设。每年，梅堰社区都精心组织，使"庆重阳·百叟宴"别开生面，颇具特色。

梅堰百叟宴开席啦[①]

临平街道梅堰社区第十三届邻居节"百叟宴"于2016年9月26日开席，120多位80周岁以上的高龄老人和金婚夫妇相约而至。在志愿者的带领下，老人们落座喝茶，品糕话家常、看表演。"双报到"党员医疗志愿者为老人测量血压；街道组团联社领导为社区"敬老好儿女"和优秀"银龄互助志愿者"颁发了奖状，表彰他们为"敬老爱老为老"传统的发扬做出的贡献。来参加活动的年纪最大的老人已有98岁。95岁的谢奶奶平时长期卧床，当女儿征求她意见时，她马上说："我行的，这个活动我一定要去参加。"百叟宴在《家和万事兴》的歌声中圆满结束，老朋友们相约明年重阳再聚首。

---

① 《梅堰百叟宴开席啦》，《余杭晨报》，2016年9月27日，第2版。

情暖重阳"百叟宴"

2018年10月13日上午,"不忘初心,和谐邻里,文化走亲,情暖重阳"暨梅堰社区第十五届邻居节"百叟宴"大型主题重阳节联谊活动开始了。为庆祝传统佳节"九九重阳节"的到来,进一步弘扬尊老敬老、爱老助老的优良传统,梅堰社区、海宁市许村镇许巷村、余杭区旅游局、农林集团、临平街道老龄委共同主办了本次活动,并由余杭区文化馆、临平二幼、梅堰社区居家养老服务站、明媚劳模工作室协办。

在临平二小,一座喜气洋洋的舞台早早被搭建起来。周围热心的志愿者脸上都洋溢着笑脸,140多位80周岁以上的高龄老人和金婚夫妇相

2008年的重阳百叟宴

2019年重阳百叟宴给社区最长寿老人过生日

约而至,整场演出以一曲热情洋溢的《打开幸福门》开始,临平二幼、海宁许巷村的小朋友们带来的歌曲舞蹈,社区党员的男声独唱,梅堰退休阿姨们的欢快舞蹈,区文化馆演员的越剧表演,让观众的欢呼声、喝彩声、鼓掌声此起彼伏,活动在老人们经久不息的掌声中结束。

老人欢聚一堂乐开颜[①]

2019年重阳节,梅堰社区举办了重阳节文化走亲暨第十六届邻居

---

① 《梅堰社区"百叟宴" 老人欢聚一堂乐开颜》,《余杭晨报》,2019年9月26日,第10版。

节"百叟宴",邀请140多位80周岁以上的高龄老人和金婚夫妇齐聚一堂,老人们看演出、品美食,现场喝彩声、掌声此起彼伏,老人们脸上都洋溢着幸福的微笑。当天,大家还为社区百岁老人朱福英庆生,点燃了101岁的生日蜡烛,为老人送上诚挚的祝福。

现场,社区签约医师、医疗志愿者为老人们测量血压,社区按照分片包户将寓意着健康长寿的寿面、松软的面包以及重阳节的祝福送到每位老人的手中。

百位耄耋老人共享文化"大餐"[①]

2021年10月9日,梅堰社区邻里中心分外热闹,百余位耄耋老人围坐在圆桌前,不仅吃到了长寿面,还"品尝"了由梅堰社区和海宁市许村镇许巷村共同带来的文化"大餐"。

伴随着"咚咚锵"的锣鼓表演,由两地共同呈现的文艺演出拉开了序幕:轻盈曼妙的舞蹈迅速抓住观众的眼球,节奏铿锵的快板赢得满堂喝彩,唱腔独特的越剧更是让在场的戏迷过足了瘾……

"面好吃,表演更好看!大家坐在一起聊天,心里真高兴!"沈友根今年93岁,是一名参加过抗美援朝的老兵,几天前他和爱人就收到社区送来的重阳节活动"请柬",一直盼着演出开始。沈友根说:"希望社区多办这样的活动,丰富咱们老年人的生活。"

近年来,临平街道采取"请进来"的方式,邀请来自许村镇的文化

[①] 《"文化走亲"焕活力 临平百位耄耋老人共享文化"大餐"》,《杭州日报》官方号,2021年10月9日。

表演团体一起为社区80周岁以上的老人送上精彩的演出,让社区居民在家门口就能感受到周边地区的文化魅力。

"'文化走亲'是一项亲民惠民的举措,促进了临平街道和许村镇之间的文化交流和共享。"临平街道相关负责人表示,今后街道将采取"请进来"与"走出去"相结合的方式,努力打造本土文化品牌,提高本土文化的影响力,让优秀文化在"走亲串门"中焕发新活力。

2021年第十八届邻居节百叟宴现场

第四节　书香换花香

"用家中的两本闲置书籍（内容健康无缺页）可换取一盆绿植"，梅堰社区自2013年理想家园开展"书香换花香"活动以来，受到广大居民的一致好评，社区用植物换来的书籍，一半会放入社区图书室及理想家园的"漂流书屋"，和全社区的居民分享；另一半则会送往贫困山区，帮那里的孩子筑起"爱心图书馆"。在每年植树节到来之际，为努力建设环境友好型社会，推动绿色社区建设，倡导居民享受绿色生活，

认真挑选自己喜欢的绿植

第四章 梅堰社区特色活动

书香换花香　爱心送远方

梅堰社区都会举办"书香换花香"活动。

绿意妆点生活，书香流动温暖

2014年3月11日下午，梅堰社区门口"绿意妆点生活，书香流动温暖"活动进行得如火如荼。为提高活动知晓度和参与度，社区通过前期张贴宣传画报的形式吸引居民前来参加。这次活动让全社区的居民都参与进来，由区城市管理局市政绿化河道监管中心提供100盆绿色植物（单药花）供居民们换领，同时宣传倡议绿色低碳生活，劝导居民不要

89

在公共绿地种植自家的蔬菜。通过置换绿色盆植，用绿意妆点生活，让书香流动温暖。换领到绿植的居民脸上都洋溢着幸福的笑容。活动时间持续到3月12日，截至11日下午已换领了55盆绿植，收到书籍145本。

书香换花香，绿意扮生活

2015年3月11日上午，在社区门口开展"书香换花香，绿意扮生活"活动。2015年是举办此类活动的第三个年头，受到居民群众的热烈欢迎，一本闲置书籍就能换取一盆绿植，人们带着书香来，携着花香走。

小朋友们踊跃参与书香换花香活动

9点左右，离活动开始还有半个小时，换领处就有居民在等候了。一位大妈说，她8点半就到了，就盼着能换上自己中意的植物。活动一开始，居民们就积极排队进行换领，有年轻人，也有老年人，还有组团来的小学生，每个人都是带着一份爱心来的。

退休的倪大妈是和朋友一起来的，拿着儿子读书时读的书换了一盆薄荷叶和一盆海棠花，她笑得脸上乐开了花："这个活动太好了，家里这些书放了很多年，扔掉可惜，倒不如拿出来分享给有需要的人，再换盆花回去，养起来都觉得有意义！"

也有上班族翘了班特地来到社区换领绿植的，他们的脸上笑嘻嘻的："虽然是翘班来的，但很值得！"还有一批已经退休的老年人，他们来的目的比较明确，都是受了子女和孙辈的托付来的。

一个小时不到，由城管执法大队提供的150盆绿植就被新主人领取完了，共换得100多本书籍。居民们换过来的书籍五花八门，包括传记、小说、作文书等各种类型。

书香换花香，我为G20添绿色

用闲置书籍，换取小盆栽，为家增添一点点春意。

2016年3月11日上午，梅堰社区与市政绿化河道管理中心牵手临平第二小学的同学们，共同举办了"书香换花香"公益活动。

捐献的书籍要求非杂志，且页面无缺损，种类包括字典、科普、文化、文学等。本次活动换得的书籍，大部分会送往贫困山区的学校，筑起校园的"爱心图书馆"。

同学们积极参与，一上午的时间已换取到百余册书籍，宫灯长寿花、月季花等风格迥异的100盆绿色植物也被换领一空。

图书交换绿植的形式，赋予了图书新的生命，分享了阅读的快乐，而绿植通过交换，也变成倡导绿色生活的载体。

"书香换花香"公益活动让更多的孩子有书读，让知识为他们带去建设家园的信心和勇气，让书籍给他们带去美好的希望，用爱心让他们体会到社会大家庭的温暖。用书香传递爱，让渴求知识的孩子们分享阅读的快乐。

第五节 暑期假日学校

青少年急救培训

2019年7月19日下午,梅堰社区暑期假日学校的小朋友们兴致勃勃地来到梅堰社区红十字服务站,期待着急救培训老师带来的精彩生动的课程。

培训分为理论讲解和实践操作两部分。来自牵手公益的老师们围绕现场急救、自救、互救的基础知识、方法和急救过程中的注意事项,重

优质乳透明工厂游

1/2/3

1. 孩子们带来的文艺汇演
2. 科技制作——学做模型飞机
3. 科普进社区

点讲解了在不同情景下应该怎样进行正确急救。

在实操环节,"第一步,判断是否需要进行心肺复苏,用5—10秒的时间观察倒地者的呼吸……"老师跪在假体旁细心地教导着小朋友们,不漏掉一个环节,事无巨细,娓娓道来,接着一步步将心肺复苏的流程拆解开来亲身示范。小朋友们则听得津津有味,有些已经摩拳擦掌、跃跃欲试了。在老师示范完毕后,小朋友们踊跃举手,都想实际操作一番。培训老师耐心指导小朋友们如何进行心肺复苏,对于施救过程中的不当之处一一进行纠正。

这次活动,让小朋友们掌握了正确的应急救护方法,增强了他们面对突发事件的应急能力和自救互救能力。

大手牵小手,优质乳透明工厂游

2020年10月31日,梅堰社区科普协会、计生协会、工会、共青团、妇联联合开展"大手牵小手,优质乳透明工厂游"亲子活动,共有30对亲子家庭报名参加了活动。

抵达新希望工厂后,小朋友们戴上奶牛帽,穿上奶牛围裙,变身成一头头可爱的小奶牛。随后,小朋友们在讲解员的带领下,参观了鲜奶和酸奶的生产、包装、质检流程,收获满满。接着,小朋友们来到食育小课堂,一边喝牛奶,一边看动画,了解奶牛的一天是如何度过的。观看完动画片,进入互动问答环节,一批又一批小礼物被送出。通过参观工厂和观看动画片,小朋友们对牛奶的生产有了更深刻的认识。最后,小朋友们制作食育小手工,家长和孩子协作完成奶牛沙画。小朋友们还齐心协力给奶牛"挤奶",虽然没能见到真奶牛,他们也玩得不亦乐乎。家长们非常认可本次活动,希望社区能多多举办各类的活动。

模拟挤牛奶

"科技制作"科普活动

为丰富辖区青少年的暑期生活,培养他们的思维能力与动手能力,促进青少年的综合素质发展,2021年7月22日下午,梅坞社区暑期假日学校在梅坞邻里中心开展"科技制作"科普活动,共吸引20位青少年参加。

活动邀请科技馆的老师主讲,让孩子们感知科学原理,体验科学乐趣,教导他们要善于从生活的常见现象中展开奇思妙想,逐渐完善他们的科学探索能力和应用创新能力。在老师的引导下,大家积极思考,自己动手组装机翼、机尾等部件,切实了解飞机飞行的构造原理,通过不断尝试,最终将飞机模型制作完成。模型制作成功后,大家还想方设法让飞机飞起来。

孩子们表示,亲自动手让他们对飞机模型有了更深的理解,这样的课程比书本上的知识更加生动。接下来,社区也将继续为青少年提供相互学习、相互交流的平台。

外教进社区,快乐学英语

2021年7月28日—30日,梅堰社区暑期假日学校开展了为期三天的英语课。课堂上,三至六年级的20名孩子跟老师积极互动、沟通。老师通过生动的讲解,为孩子们呈现出一个个丰满的故事,打开了一扇扇

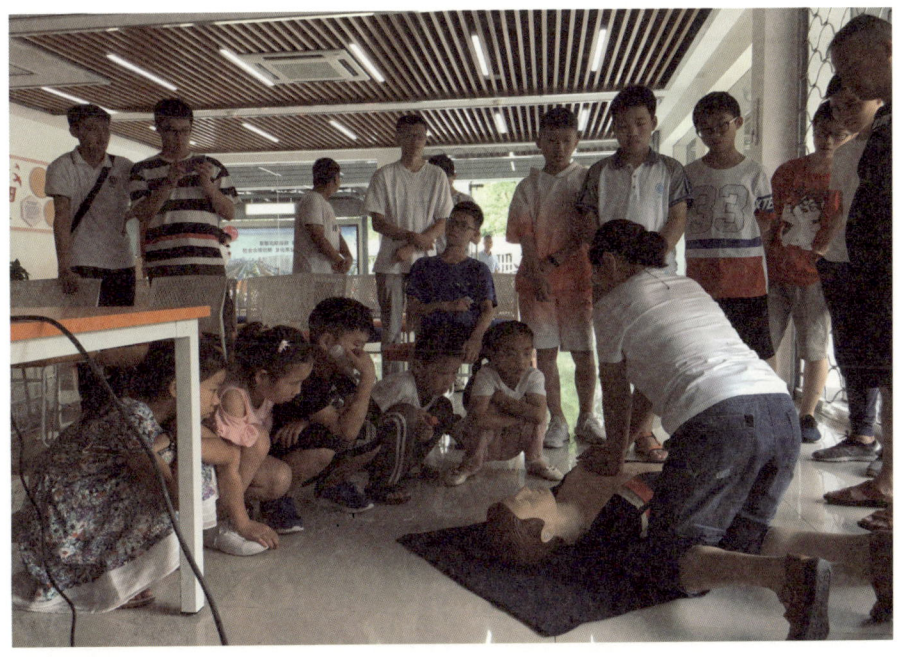

青少年急救训练

学雷锋志愿进社区

英语老师授课

接触世界多元文化的窗口，让孩子们真正爱上那一个个生动、跳跃的英文单词。老师通过各种英语小游戏，让同学们参与其中，在做游戏的同时学英语，既获取了知识，又训练了各种能力，更好地激发了孩子们对英语的兴趣。

大家在课堂上认真听课，课后还跟老师进行交流，受益匪浅。活动结束后，他们表示希望社区以后能多开设这样的课程，让他们能进一步获得相关知识。

文艺汇演

为纪念全国第六十个学雷锋日，营造良好的志愿服务氛围，展示志愿服务工作的新成就、新风貌、新发展，形成"人人学雷锋、个个争当先"的生动局面，2022年3月3日下午，梅堰社区携手临平二小举办了一场以"学雷锋，迎亚运，当好时代好少年"为主题的文艺汇演，旨在为辖区中老年群体"送节目，送欢乐"。演出的节目有京戏演出、朗诵、街舞等，受到辖区居民的热烈欢迎，营造了良好的活动氛围。演出中，亚运吉祥物的出现给现场带来了惊喜。整场演出高潮迭起、精彩不断，引来现场观众的阵阵掌声和欢呼声，展现了新时代红领巾的风貌。

本次文艺汇演让雷锋精神在同学们的心中扎下了根，并不断引导他们在今后的学习生活中用实际行动去发扬雷锋高尚的风格，弘扬雷锋可贵的精神。这次活动进一步丰富了社区群众的文化生活，营造了"弘扬雷锋精神，争做时代新人"的浓厚氛围，受到了居民的一致好评。

第六节 米豆故事会

为进一步打造良好的亲子关系,传递亲子共读策略和方法,培养提升家长的亲子阅读能力,和孩子共成长,2021年10月31日,临平街道妇联在梅堰社区邻里中心开展"米豆故事会"活动,辖区内的12组亲子家庭参加了活动。

活动中,孩子们围成一圈,朱老师对绘本《点点点》进行生动的讲解,吸引了在座的孩子们。孩子们也积极发言,主动参与。之后,家长和孩子一起动手绘画,通过按压、连线,用颜料做出属于自己的独特作品,活动现场一片欢声笑语。通过这场活动,提升了孩子们的动手能力,促进了亲子关系,倡导了亲子阅读文化,传承了好家风。

老师讲绘本

一起动手画

第七节　婴幼儿成长驿站

婴幼儿照护服务社区成长驿站是指依托社区（村）既有的邻里服务、党群服务、文化休闲等设施资源建立的，以专属或共享固定室内场地的方式，向婴幼儿家庭提供育儿技能指导、亲子游戏陪伴、儿童健康管理等内容的服务场所。梅堰社区积极组织婴幼儿家长参加养育技能提升专业课堂，以膳食营养、健康安全、科学照护等为主要内容，由受过培训的专业教师指导，为婴幼儿家庭提供科学、专业、系统的服务指导，促进婴幼儿身体发育及动作、语言、认知、情感及社会性等方面的全面发展。

亲子课堂欢乐多

认真学习的家长们

亲子课堂

2021年5月13日上午,梅堰社区邀请了临平二幼的周恩老师和郁佳樱老师,为周边社区的婴幼儿(0—3岁)家长上了一堂养育技能提升的专业课。课上,老师们为大家讲解了膳食营养、健康安全、科学照护等重点育儿技能知识,为各位家长补充了专业育儿知识,还和家长一起读绘本、画画,获得了家长们的一致好评。

新手父母课堂

2021年5月22日上午,为了使家长更多地掌握婴幼儿照护技能,提高家长的照护能力,同时加强亲子间的沟通和互动,梅堰社区婴幼儿成长驿站邀请吉娃母婴的柳思影老师来社区上了一堂以"新生儿基础护理知识"为主题的社区0—3周岁婴幼儿养育照护公益课,共有15位家长参加了培训。课堂上,柳老师认真教授了婴幼儿基础护理知识,包括如何给新生儿换尿布、换衣服、哺乳等,家长们仔细听讲并现场实践,深受启发。这次活动提高了家长们的养育照护能力,他们纷纷表示希望社区能多邀请老师来上课。

婴幼儿科学养育照护公益课堂

2021年8月1日上午,梅堰邻里中心婴幼儿成长驿站里召开了第十场0—3周岁婴幼儿科学养育照护公益课,主题为小儿推拿,特邀请吉娃母婴的柳思影老师授课辅导。课堂上,柳老师带领家长们重温了上一课的产妇营养餐指导和月子餐的相关知识,然后又传授了婴幼儿出现便秘、腹泻、消化不良、盗汗、胆小等症状的推拿位置及相关口诀。这样的活动有利于提升家长的照护能力和照护水平,促进婴幼儿健康成长。

第八节 "志愿者在身边"便民活动

每年3月是梅墅社区的志愿者服务月,社区开展"志愿服务进社区"活动已坚持多年,把健康咨询、便民服务送到居民家门口,真正让居民们感受到"志愿者就在身边"。在社会的共同参与下,志愿公益活动能够影响和带动更多的人参与,以特有的方式和组织形式将爱心传递下去。

志愿者在身边

为弘扬志愿者精神,树立志愿服务理念,积极引导广大党员、团员

热闹的活动现场

青年和社会公众以志愿服务的形式引领社会新风、服务社区群众，在奉献中体现作为，在付出中提升境界，在实践中传播文明，为构建和谐梅堰做出新的贡献，2014年3月14日上午9点，在梅堰知音角公园（九曲营路与梅堰路交叉口）举办社区"志愿者在身边"便民服务活动。活动由梅堰社区主办，活动志愿者来自区检察院、区红十字会、区白蚁所、区五院、建设银行余杭支行、区房协等多家单位以及明媚劳模工作室、社区美林党员服务站、翁庆儿党员志愿者服务站。

在活动现场组织设置了"健康直通车"医疗免费健康检查检测点，区五院中医科、内科等科室的医生志愿者开展为居民量血压、测血糖等服务，同时进行红十字知识、健康身心保健、合理饮食、食品药品安全等内容的宣传，宣传食品、药品安全知识以及防治H7N9禽流感小常识，引导居民正确处置过期药品，并在现场回收过期药品，居民可以用过期药品换到一份小礼品；提供法律咨询，区检察院的志愿者为居民现场提供法律咨询服务，提高居民用法律维护自身正当利益的意识；设置理财免费服务点，建设银行志愿者为市民提供正确的理财之道和小额贷款咨询服务；提供免费理发服务，清风理发店为居民提供免费理发服务，共服务12人；提供免费维修小家电、修理雨伞服务，美林党员服务站为居民开展电器、家电免费维修服务，修伞志愿者共为居民修好20余把雨伞；提供磨剪刀服务，在老师傅的摊位上前来磨剪刀的人络绎不绝。

活动从上午9点开始，每一个服务摊位前都人头攒动。磨剪刀、修伞、理发、量血压、换药品的摊位前都排起了长队。参加这次志愿服务的医务人员较多，但志愿者来了之后就没停歇过，一直有人请她们测量血压，志愿者则认真地记录下每一个测量者血压，一再关照注意事项。磨剪刀的师傅，活动结束了还没走，因为剪刀还没有磨完，他坚持给每

认真为居民服务的志愿者

正在咨询的居民

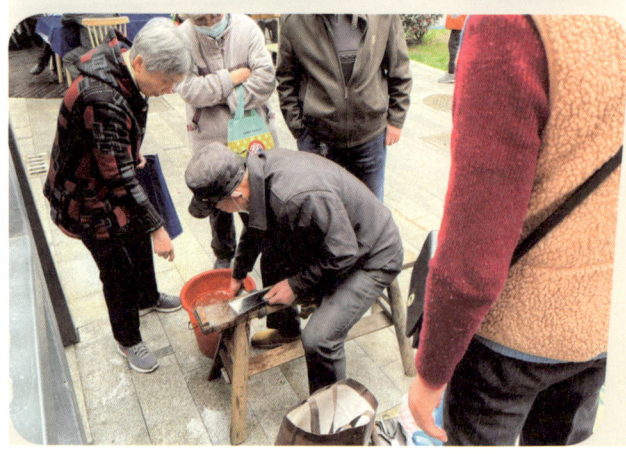

志愿者为居民们磨刀

一位排队的居民服务好了再离开。正如住在社区内的许老伯说的："志愿者们进社区，把服务送到家门口，方便了我们老年人的生活，想得真周到啊！"

喜迎G20·志愿者在身边

在2016年G20期间，为努力营造迎接G20杭州峰会的良好氛围，梅堰社区号召广大志愿者积极参与G20峰会外围志愿服务，维护社会和谐稳定，展示志愿者的良好风貌，宣扬志愿者精神，让志愿服务理念进一步深入人心。2016年3月29日，在梅堰知音角公园（九曲营路与梅堰路交叉口）举办社区"志愿者在身边"便民服务活动，号召每一位志愿者用自己的实际行动来迎接G20峰会在杭召开。

一大早，志愿者们早早来到广场，开始动手布置场地。不一会儿，各个服务摊位呈弧形排开，占据了大半个广场。活动从上午9点开始，活动现场内容丰富，有义务理发、免费维修小家电、测量血压、宣传金融知识和理财信息、宣传发放普法资料等。"健康直通车"医疗免费健康检查检测点请区一院中医科、内科等科室的医生开展为居民量血压、测血糖等服务；区环保部门为提高居民环保意识，开展环保知识宣传，宣传发放环保公众手册；区药监部门在现场进行食品药品安全知识宣讲，回收过期药品；区文旅部门在现场介绍临平特色旅游、宣传旅游文化，同时设置幸运转盘抽奖环节。

现场由商家组成的志愿者队伍更是受到广大居民朋友的欢迎，中国人寿保险公司、太平洋保险公司开展关于健康险种、家庭财产保险的知识宣传活动，为有需要的居民提供服务；南京银行为居民提供正确的理财知识和小额贷款咨询服务。除了现场的各项免费服务之外，美林党员服务站的小家电免费维修点为居民开展电器、家电免费维修服务，清风理发店为居民提供免费理发服务，百岁坊茶楼请居民们品尝清茶并展示茶文化。

活动现场的爱心义卖活动更是吸引了广大居民朋友驻足。义卖活动售卖的是社区在活动前号召党员代表捐赠的一些闲置物品，包括日常用品、玩具、装饰物件、食品、图书等，共募集资金1138元，这些款项将捐赠给梅堰社区党员厉迪创办的"爱心厨房公益社"，温暖更多需要帮助的人。聚沙成塔，饮水思源，点滴爱心，足以汇聚成温暖的海洋。

志愿者们的"爱心""细心""贴心"服务，吸引了众多的居民参与。活动让居民享受到了方便、快捷、有效的服务，引导居民融入社区大家庭。

学雷锋　迎亚运　志愿者在身边

为了展示志愿者的良好风貌、宣扬雷锋精神，让志愿服务理念进一步深入人心，梅堰社区于2022年3月4日在梅堰社区邻里中心小广场举办"志愿者在身边"便民服务活动。

服务活动涵盖了中医推拿、红十字急救培训、理发、测血糖、磨剪刀、电力检测以及反家暴、防诈骗宣传等项目。这边，志愿者免费为居民们测血糖，并指导老年人正确预防常见疾病，让老年人更好地了解自己的身体状况。那边，理发的服务摊位前排起了长长的队伍，理发师娴熟的技术和热情的服务态度让居民们称赞不已。修磨剪刀的师傅更是忙得不亦乐乎，摊位前排起了长长的队伍。一旁等待的沈大妈告诉社区工作者："这样的活动，我们最喜欢了，真是太便利了，免费为老百姓服务，感谢志愿者们！"同时，志愿者们也向居民们表示，只要社区和居民需要，他们会一如既往地来参加志愿者服务活动，更好地服务居民。

服务于心，便民于行，这次梅堰社区志愿服务活动旨在将志愿服务送到群众身边，融入百姓生活，推进社区志愿服务常态化，营造良好的志愿服务氛围，共建美好和谐的文化家园。

便民服务送到家

2022年3月26日上午，生活在梅堰小区的刘大伯就高兴得像个小孩，他一下楼梯口就办得了几件"大事"：在家门口修理好了一台"趴窝"多年的老式收录机，理了一个标准的发型，测量了血压，都是"一条龙"的便民服务。原来，这是梅堰社区为深入开展三月便民活动，全面推进梅堰社区在职党员、共建单位党支部到社区志愿服务活动的深度和广度，充分发挥辖区在职党员的先锋模范作用，为在职党员、共建单位志愿者搭建起一个服务社区、服务居民的平台，增强社区党组织的号召力和战斗力。在这天，社区组织区检察院、区文广旅体局、区生态环境局、区红十字会、区白蚁所、区一院、区综合行政执法局执法队、区保安公司、社区美林党员服务站、明媚劳模工作室等单位的在职党员、志愿者，在社区知音角开展"志愿者在身边"便民服务活动。

活动从上午9点开始，每一个服务摊位前都人头攒动。"健康直通车"医疗免费健康检查检测点请区一院中医科、骨科、内科等科室的医生开展为居民量血压、测血糖等服务；区保安公司为居民提供安全知识宣讲、电子防盗门维修和更换咨询等服务；区生态环境局对新环保法、$PM_{2.5}$等环保知识进行宣传，发放环保公众手册、美丽杭州我们在行动、学生生态文明知识、机动车尾气防治读本等手册；区市场监督管理局宣传预防H7N9、食品药品安全等知识，并在现场回收过期药品，拿来过期药品的居民可得到一份小礼品；区文广旅体局介绍余杭特色旅游、宣传旅游文化，同时设置幸运转盘抽奖环节，只要微信"扫一扫"添加余杭旅游公众号就可参与抽奖活动；区检察院的志愿者现场提供法律咨询服务，解答群众在法律上的疑问；美林党员服务站的小家电免费维修点为居民提供电器、家电免费维修服务。

活动现场还进行垃圾分类宣传、白蚁防治宣传、计生宣传、劳动保障宣传、就业咨询宣传等宣传互动，通过十多项便民服务拉近了社区与居民的感情，壮大了党员志愿者队伍，增强了党员、志愿者的为民意识和服务意识，促进了和谐社会建设。

整个便民活动充满了热情与温馨，受到了居民的欢迎和好评。活动始终本着积极动员党员、群众、志愿者广泛参与的原则，引导大家融入社区大家庭，同时不断增强社会各行业的便民服务意识。

"青梅"楼道长上岗　志愿服务增添别样红[①]

五一假期，不少学生会选择休息、玩耍来放松心情，可对于梅堰社区的12名中小学生来说，这几天过得忙碌又充实。"姐姐，我给你测下体温！""叔叔，请戴好口罩！"每天一大早，这群学生穿上红马甲，准时来到梅堰社区各小区的出入口，举起二维码，提醒进入小区的每一位居民扫码、测温，清脆又响亮的嗓音十分引人注目。

原来，这12名青少年是梅堰社区新上任的首批"青梅"楼道长。2022年3月，梅堰社区启动"青梅"楼道长招募计划，面向辖区内8至

---

① 《"青梅"楼道长上岗　志愿服务增添别样红》，浙江新闻客户端，2022年5月7日。

种类繁多的医疗志愿服务

17周岁的青少年招募楼道长,引导中小学生尊重和热爱劳动,用自己"善小"的微行动,合力汇聚文明正能量。

郑梓淇是梅堰小区居民,2022年刚满10岁,是该小区21幢4单元的"青梅"楼道长。五一假期,她每天都会手持体温枪,把口罩戴得严丝合缝,认真守在小区门口,协助社区工作人员开展疫情防控工作。她说,自己的妈妈颜飒飒也是小区楼道长,往年没有疫情的时候一家人会回温岭老家度假,2022年虽然因为疫情回不去,但能和妈妈一起守好"小门",她也很开心。

实际上,助力疫情防控只是"青梅"楼道长的其中一项工作。每逢双休日,小楼道长们便早早起床,扫地、擦栏杆、清广告、运垃圾……

尽管年龄不大，他们干起活来却一点都不含糊，把楼道收拾得干净整洁。在孩子们的带动下，爸爸妈妈也纷纷加入，真正诠释了"一个孩子带动一个家庭，一个家庭带动整个社会"的辐射作用。

"青少年用双手来提升城市颜值，在潜移默化中营造了'文明就在你我身边'的新时代气息。"街道的相关负责人表示，今后街道将定期开展培训班，对小楼道长进行消防安全、急救知识等的培训，并将所学知识运用到楼道消防安全隐患排查、特殊群体摸排等工作中，让志愿服务中这抹"别样红"成为社区治理的"小小啄木鸟"，以楼道文明的"内循环"带动城市文明的"外循环"，逐步形成"服务社会、帮助他人、完善自我"的社会新风尚。

第九节　垃圾分类

垃圾分类是对垃圾收集处置传统方式的改革，是对垃圾进行有效处置的一种科学管理方法。面对日益增长的垃圾产量和环境状况恶化的局面，如何通过垃圾分类管理，最大限度地实现垃圾资源利用，减少垃圾处置量，改善生存环境质量，是社区居民共同关注的问题之一。梅堰社区积极倡导"全面出击　理想有我　做垃圾分类先行者"系列活动。

理想有我　做垃圾分类先行者

为全面推进余杭区生活垃圾减量工作，打响垃圾分类攻坚战，推进垃圾分类模式，做到生活垃圾"干湿两分"，2019年4月13日上午9点，在理想家园北门开展了梅堰社区"全面出击　理想有我　做垃圾分类的先行者"垃圾分类推进活动。

活动开场由明媚劳模工作室的阿姨们带来精彩的开场舞蹈，紧接着由理想家园的居民代表宣读了垃圾分类倡议书。在现场，给理想家园宣传、督导、巡检（红、蓝、绿）三支队伍授旗，分别由街道党工委委员倪学武、街道人大工委副主任包尚利、梅堰社区党委书记陈敏晓授旗。做一名垃圾分类志愿者都是为了给环保公益事业做贡献，在主持人的带领下，现场的所有志愿者一起宣誓："我自愿加入垃圾分类志愿者行列，做新时尚的宣传员。自觉养成良好习惯，时刻不忘垃圾分类。做垃圾减量的先行者，为垃圾分类贡献智慧和力量。"现场还进行了垃圾分类的小游戏和趣味问答活动，居民们踊跃参与，让在场的每个人在游戏中了解垃圾分类相

倡导垃圾分类

垃圾分类从小做起

第四章 梅堰社区特色活动

垃圾分类督导队

关知识。在活动中还对"虎哥回收"进行了宣传，倡导大家将可回收物、有害垃圾在虎哥回收覆盖区域内呼叫"虎哥"上门，或者分别投放到蓝色、红色垃圾桶，由专业的企业分类进行处置。在最后，所有的居民们在承诺墙上签上自己的名字，推动垃圾分类行动。

垃圾分类看似是小事，但折射出来的都是大事。垃圾分类关乎我们居住环境的质量，关乎整个城市的可持续发展，以及地球家园的整体生存环境。让我们携手共进，从小事做起，主动参与垃圾分类，共同构建绿色环保的社会环境。

垃圾分类青春先行

为庆祝第70个青年节，进一步巩固居民垃圾分类知识，推进垃圾分类工作,2019年5月4日,梅堰社区组织青年志愿者围绕"垃圾分类"中心工作,在理想家园小区开展了"垃圾分类 我参与 我宣传""青春先行 助力垃圾分类"主题志愿服务活动,理想家园的党员、社区工作者、网格员分成12组到业主家中执行垃圾分类入户督察任务。

督查组自带鞋套,在入户时首先询问了居民家中生活垃圾的分类情况。"阿姨,牛奶盒是可回收的,要放到可回收桶里。"他们为居民进行了垃圾分类现场演示,对分类不完全、分类不正确的不规范行为进行了指导纠正,并进一步宣传普及垃圾分类知识。很多居民也主动向督查人员咨询在生活中遇到的具体分类问题,详细了解垃圾分类的分类方法,有些居民还提出了做好垃圾分类工作的意见和建议。

入户督查完成后,督查组就督查情况做好登记记录,从统计的情况

垃圾分类邻里情

垃圾分类现场指导

看：目前入户的居民参与率达80%以上，垃圾投放准确率还有待提高，居民家中小朋友掌握的垃圾分类知识情况较好。这次的入户督查，让居民们对垃圾分类有了更进一步的了解与感受，相信在监督员的监督下，社区垃圾分类工作会越做越好，居民的垃圾分类意识也会越来越强。

定点投放首天成绩斐然

在前期入户发动宣传的工作基础上，2019年5月6日，梅堰路13号小区开始实行垃圾定时定点投放。投放时间为上午7点30分到9点，下午6点30分到7点30分。

早上7点，轮值的党员、志愿者及物业、社区工作者都上岗了。他们

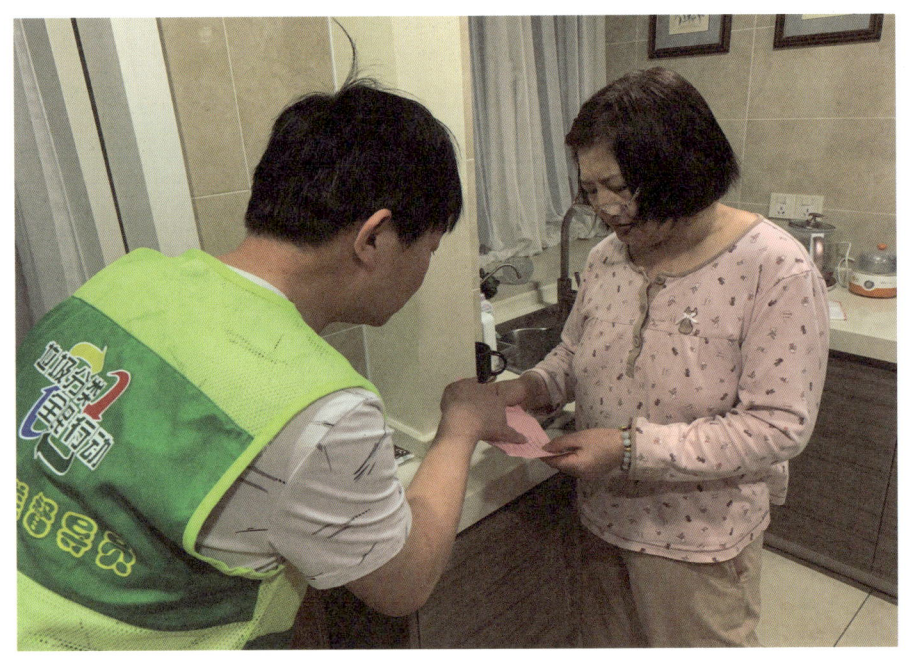

上门宣传垃圾分类

分工协作,一人负责记录,一人负责称重,另两人负责拆袋检查,挑拣出混杂在厨余垃圾中的餐巾纸、塑料袋等,然后将分类正确的餐厨垃圾统一收集起来。

居民们陆续提着垃圾来到投放点,有分类完全正确的,有分类正确但使用了菜场超市的塑料袋的,有大部分正确但掺杂了些其他垃圾的。轮值小组成员对每一位居民投放的垃圾都仔细检查,及时指出不正确之处,提醒居民们要定时定点来投放,要正确使用黄、绿两色垃圾袋,要正确分出餐厨垃圾。居民们都认真听、认真记,表示一定会改进。梅堰路13号小区虽然只有130多户,但在居民、党员、物业、社区各方的积极努力和共同参与下,实行垃圾分类首天成绩显著,减量91.5千克。

第十节　花卉盆景展

2014年11月7日，美在身边——梅堰社区第三届花卉盆景展开展。通过前期的宣传活动，短短几天时间，有40多位居民从家中抱来了自己的"心爱之物"。

居民们抱来的家中植物有玉树、茶梅、沙漠玫瑰、红掌、仙人球、幸福树、千日红、水培番薯盆景、长寿花等，展台上生机勃勃、绿意盎然。另外，鸿志园林也提供了各式盆景和花卉，供居民观赏。由各共建单位组成的评委会，一一对居民自己种植的盆景进行评选、讨论，最后选出三个最佳栽培奖和三个最佳造型奖，其余获得纪念奖。社区的工作人员说："现在都在提倡绿色环保，通过举办盆景展，展示居民家中的奇花异草，请擅长盆栽的居民传授经验，也能让邻里间有更多的话题。"

以花卉活动向社区居民传播和普及花卉知识，既提高了居民们的花卉艺术修养，又展示了社区居民的生活文化风采，更促进了社区文化建设，凝聚了社区居民之间的向心力，有利于进一步打造友好和谐的社区关系。

花卉盆景展现场

杭州社区文化家园建设丛书 | 焕新·梅堰

做青团　知民俗　文化永流传

第五章　梅堰社区传统佳节

第五章　梅堰社区传统佳节

第一节　端午

粽叶飘香　互赠祝福

2014年5月27日，梅堰社区牵头组织开展了"粽叶飘香　自包米粽　欢度佳节　互赠祝福"活动，活动还得到了临平三中、明媚劳模工作室、社区学院的支持和帮助。

通过前期报名，共有24位居民志愿者来到活动现场，每个人的前面都放好了粽叶、红豆、糯米、红枣和粽绳。活动开始后，大家共同切磋起包粽子的技艺，互相交流、互相学习。居民们包粽子的手法相当娴熟，速度很快，一卷一叠、填料、扎捆，巧手翻飞，三角形、牛角形、金字塔形、长条形等形式各样的漂亮粽子就这样一个个在居民们的手中瞬间成形。在其乐融融的氛围

包粽子

中,增进了社区大家庭的凝聚力,大家又通过亲手包粽子和观看文艺演出真切感受到中国传统节日的内涵。

在一个多小时的活动中,大家用巧手包好了550个粽子,在临平三中的帮助下,煮熟了整整4大筐粽子。天气炎热,在社区进行老旧小区改造的建筑工人们正在砌墙、和水泥、抹灰……一派热火朝天的劳动景象,为建设我们美丽的家园而辛勤工作着。"工友们,休息一下吧,请来吃粽子吧!"社区工作人员和社区居民一起,抬着热气腾腾的粽子热情地招呼施工人员,"端午节快到了,大家辛苦了!这是我们社区居民包的粽子,大家快来尝尝吧!" 社区工作人员一边说着,一边把粽子送到施工人员的手中,让他们感受社区居民带去的小小粽意。

同时,为把关心和关爱之情传递给社区的广大居民,使辖区内的高龄老人特别是孤寡老人感受到温馨、祥和的节日氛围，体会到社区对他们一如既往的关怀和照顾，梅堰社区的工作人员与社区党员志愿者、居家养老工作人员一同带着粽子上门慰问，先后看望了陈文华等10余户高龄老人，为他们带去了节日的祝福。

粽叶飘香，自包米粽，欢度佳节，互赠祝福。活动在大家的欢笑声中结束，社区居民都感受到了和谐社区大家庭的温馨和浓浓的节日氛围，促进了相互间的感情，传承了传统文化，达到了促进邻里和谐团结的目的。

粽香沁社区　浓浓关怀情

端午将至，粽叶飘香，为弘扬传统文化，梅堰社区于2016年6月8日组织社区劳模工作室、党员服务站的志愿者们在社区志愿者之家开展包粽子活动。

社区志愿者把提前买好的糯米、红豆等材料准备好之后，大家开始一起包粽子迎端午，活动现场欢声笑语、其乐融融。此次活动共有18名志愿者参加，更邀请社区联社领导参与。活动现场，只见大家拿起粽叶卷成漏斗状，填米、压紧、扎绳，一只只可爱的粽子在巧手翻飞中诞生，300多个包裹着浓浓温情的粽子就此诞生。

通过这次活动，加强了社区与居民之间的联系和了解，同时也奉献了一份爱心，社区会将这份爱心传递到辖区内的学校、物业，以及空巢独居老人家中，送去温暖和关怀。

巧手做香袋　传承民俗文化

一年一度的端午节到来之际，祖国大地处处龙舟竞渡、粽叶飘香。

其实端午除了赛龙舟与吃粽子这些元素之外，还有一项传统元素，那就是佩戴香囊。2017年5月24日上午，梅堰社区组织了一场以"传承文化做香囊　一针一线端午情"为主题的文化活动。梅堰社区特邀请香囊文化传承人陈孝芳奶奶现场教学，并携手临平二小、临平三中、临平二幼等共建学校的师生们，以及社区的热心居民共同参与，巧手做香袋，争做传承人。

陈孝芳奶奶已有80高龄，自1979年住在临平城区后，做了40多年的裁缝。她积极参加各项社区活动，通过刺绣等传统工艺制作奥运福娃、海宝、福字挂件等饰品，其中一些作品还被江南水乡博物馆收藏，也曾作为礼品赠送给外国友人，她创作的虎头鞋曾在浙江省"虎头鞋"

装香袋

粽子虽小情谊浓　　　　　　　　　　　　做香囊

创作设计比赛中获得优秀奖。

香囊，又名香袋、花囊，也叫荷包，是用五色丝线缠成的。小孩在端午前后佩香囊是我国的传统习俗之一。中医认为，戴上用特定香料制成的香囊，不仅气味芳香、提神醒脑，还具有辟秽防病的功能。随着历史的演变，祛病求福的观念渐渐淡化，制作香囊的风俗却保存了下来，成为人们对美好生活的祈盼。

在陈孝芳奶奶的指导下，大家认真地穿针引线，放棉絮、香料，绣香包，忙得不亦乐乎。缝线也是一门技术活，即便要一次次返工，大家也并未表现出一丝不耐烦，不一会儿工夫，香囊的雏形就出来了。陈奶奶说："这个是我们中国的文化传统，我想把它传下去，希望有更多的传承人，将这个文化传承下去。"如今，依然坚持手工制作香袋的手艺人已为数不多，非物质文化遗产香囊文化的传承人陈孝芳奶奶正在努力将这一民间手工艺传承下去。

非遗进社区　巧手做香囊

端午佩香囊是中国传统民俗，同时也是古时一种预防瘟疫的方法。2018年6月13日上午，梅堰社区请来非物质文化传承人陈孝芳奶奶教社区居民手工制作端午香囊，带领大家回味古时的传统民俗文化。

陈奶奶将材料分发给大家后，就一边示范一边给大家讲解。首先取出花布，缝成一个小口袋；再把草药粉都装进去，对角缝制，把边卷进去比较美观；通过缝制，出现了"爱心"的形状，在其中一个角缝上挂绳，再在这个角对应的平面缝上彩珠，一个漂亮的香囊就做好啦！大家在陈奶奶的耐心指导下，开始飞针走线。参加活动的有许多年轻居民，也有二小、三中、二幼的教师，领悟能力非常强，在陈奶奶的严格要求和层层把关下，一个个精致的香囊展现在大家眼前。

端午作为中国的传统佳节，它的民俗民风需要得到发扬，把亲手制作的香囊作为纪念留存或者送给家人朋友，都是不错的选择，手制香囊包含的不仅是制作人的手艺，更包含了他们的一片心意。

第二节　腊八

俗话说，过了腊八就是年。腊八节是中国的传统节日，人们习惯在这一天喝上一碗暖暖的腊八粥，希望祛疫迎祥，来年事事顺利，合家团聚。

2019年1月10日下午，梅堰社区携手随园之家开展"腊八飘香　情暖社区"腊八节暖心活动。

热情洋溢过腊八

为环卫工人送上一份情

早早就准备好的腊八粥

"我带点回去给小孙女吃吃,希望来年健康成长。"活动现场,社区居民的脸上都洋溢着喜悦。在腊八节来临之际,社区为空巢、高龄老人送上暖暖的腊八粥,小小的一碗粥,却能让社区居民在寒冬里感受到社区的关爱。这次活动旨在弘扬中国的传统节日,促进邻里和谐,居民们深深地感受到社区大家庭的温暖与甜蜜,更加强了社区与群众的联系。

第三节　清明

清明教娃娃包青团　民间习俗快乐新体验

为了让孩子们更好地传承中华民族的传统文化，2015年4月3日上午，梅堰社区居委会为临平第二幼儿园的娃娃们组织了一场"清明节包青团"活动。活动现场，16名来自梅堰社区、双林社区的奶奶们分成4组，来到4个大班的教室，用亲切的声音给小朋友们讲解清明节的来历与风俗。通过精彩生动的故事，孩子们了解到原来清明节还有好玩的风俗

包青团现场

满满一蒸笼青团

活动和特别的纪念意义。

接下来,由奶奶们亲手示范包青团的方法,同时还准备了包青团用的各种馅料,闻着很香,孩子们看着很眼馋!奶奶们讲解得非常仔细,介绍了青团的几种不同形状的包法,有圆形、半圆形、三角形、五角形……兴奋感和新鲜感感染着周围的每一个人。

听完讲解后,孩子们都忍不住跃跃欲试,大家各自回到自己的座位上,开始动手包青团。奶奶们也和娃娃们一起动手,揉一揉,捏一捏,再把馅放进去……不一会儿工夫,各种形状的包裹着孩子们喜悦的青团就包好了。一个个小巧玲珑像碧玉似的清明团子放在大蒸笼里,看着自

千奇百怪的青团

现场包青团

己做的青团,孩子们的脸上洋溢着满满的幸福感。

这样一场生动活泼、自己动手的活动,让孩子们了解了清明节的风俗,也为建设和谐社区增加了一个交流和沟通的平台。

做青团　知民俗　文化永流传

"梅堰双林欣,文化来走亲。奶奶着红裙,外婆笑盈盈。传统过清明,圆子白又青。民俗永记心,伢儿真高兴。"诗篇描写的就是梅堰社区和双林社区在临平二幼开展的"文化走亲"活动。

为了让孩子们能更好地体验清明节风俗,感受中华传统文化习俗,梅堰社区、双林社区的奶奶们来到临平二幼教大班的小朋友们制作清明团子。

孩子们首先观看奶奶们示范包青团,奶奶们熟练地将和好的面团放在手心里搓圆、加馅、捏制,一整套工序下来,引来了孩子们的阵阵喝彩。接下来,小朋友们也忍不住跃跃欲试了,洗干净了小手,卷起衣袖,有模有样的,急切地等待着动手的那一刻。"我做了一个棒棒糖清明团。""我包的是甜的。""我要印一个小猫形状的。"孩子们一边做着,一边不停地讨论着。不一会儿工夫,各种形状的包裹着孩子们喜悦的一个个青团就包好了。放到锅里蒸一下,哈!自己做的青团就是特别好吃。

组织这样的活动,既锻炼了孩子们的动手能力,又让孩子们体验了浓浓的清明节气氛,提高了孩子们对传统节日的认知和参与感。

第四节　新春写春联

为充分展示中华传统文化，弘扬传统文化，2019年1月25日，梅堰社区携手临平三中的同学们开展了具有浓郁民间文化特色的"迎新春百社起益——写春联　送福字"活动，以丰富居民的节日文化生活。

志愿者们集中在梅堰社区知音角公园内挥毫泼墨，用毛笔一笔一画书写下了一个又一个"福"字，隽秀的"福"字在红幅上熠熠生辉，一幅幅火红火红的春联，一个个期待满满的眼神，一张张喜气洋洋的面孔……短短1小时内，小小书法家们将墨迹凝结成一份份祝福分享给大家。活动现场人来人往，络绎不绝，红纸墨香吸引了不少居民驻足。"给我也写一副对联吧！""我要把福字贴在门上！"同学们还把自己亲手写下的春联和福字送到社区高龄、独居老人家中。

这次活动不仅为社区居民送出了新春的温暖和祝福，还将社区对居民们的祝福送到了千家万户，丰富了广大社区居民的节日文化生活，增添了新春佳节的喜庆氛围。

第五节 元宵

猜灯谜 吃元宵

"大红灯笼高高挂,五彩谜面迎风飘。万马奔腾迎新春,热热闹闹庆元宵!"为迎接元宵佳节的到来,2014年2月11日下午,梅堰社区开展了"猜灯谜 吃元宵"活动,邀请居民共度元宵佳节,有200多位居民参加了这次活动。

猜谜语 云答题 拿礼物

大家一起猜灯谜

梅堰社区为开展猜灯谜活动，精心准备了300余条灯谜，其中包括文明创建知识谜、动物谜、文字谜、成语谜等，生动活泼，面广量大。居民们三三两两聚在谜题下细心斟酌、认真思索，现场不时传出欣喜的欢呼声，场面异常热闹。社区还为居民们准备了几百份小奖品（汤圆），猜中的居民纷纷前来兑奖，脸上洋溢着灿烂的笑容。猜灯谜活动富有人情味，有的居民虽然没有把答案解释清楚，但意思基本是对的，仍可以在欢歌笑语中从工作人员手里领取了奖品。有的居民虽然没有答对，但在活动现场通过和居民聊天结识了新朋友，也拉近了社区居民彼此之间的距离。

开展猜灯谜活动,不仅丰富了社区文化生活,拉近了社区与居民之间的距离,还有利于宣传普及文明创建知识,进一步营造了"邻里守望 亲情互助"的氛围。

开心闹元宵　欢乐猜灯谜

为传承中华传统文化,丰富居民文化生活,让大家感受元宵节的喜庆气氛,2018年2月28日下午,梅堰社区举办了"开心闹元宵　欢乐猜灯谜"活动。这次活动内容丰富,除了传统的社区猜灯谜活动外,还有杭州银行宣传理财知识、余杭区红十字会开展心肺复苏救护互动、余杭朝聚眼科医院开展眼科义诊等活动。

这次活动吸引了大量居民踊跃参加,活动现场喜气洋洋。社区精心准备了300多条灯谜,内容包括红十字知识、理财知识、成语、生活常识、动物、歇后语、统计知识等,包罗万象、妙趣横生,居民们有的苦思冥想,有的交头接耳,大家你一条我一条,争先恐后竞猜抢答,猜对

有趣的元宵节活动　　　　　　　　　元宵虽小,氛围很足

谜底者还能获得社区赠送的礼品汤团。

梅堰社区的庆元宵活动不仅丰富了社区居民的文化生活，还加强了社区与居民的交流，居民们在欢乐祥和的气氛中度过了一个难忘的元宵佳节。

迎元宵　写祝福

为弘扬中华民族传统节日，丰富辖区居民的精神文化生活，营造文明喜庆、健康祥和的节日氛围，2022年2月15日，梅堰社区在邻里中心广场举行"迎元宵　写祝福"活动。

活动伴随着喜庆的音乐、孩子们的笑声热热闹闹地开始了。一边，居民朋友们把自己在新一年的心愿写在祝福卡上，然后挂在邻里小广场的许愿树上；另一边，赏灯、猜灯谜活动也深受居民们的喜爱，猜中者均能获得一份小礼品。同时，社区还在现场发放小朋友最喜欢的水果糖葫芦，一串串糖葫芦，一个个可爱的笑容，在夜晚特别耀眼。此外，梅堰社区还开展了"欢欢喜喜闹元宵　邀您云上来答题"活动，题目包括元宵节、亚运会、党史、廉政等内容，居民们踊跃参与、积极答题。

这次闹元宵活动不仅使居民群众感受到了浓浓的节日氛围，还弘扬了中华民族的传统文化，让辖区居民在温馨浓郁的文化氛围中欢欢喜喜闹元宵，和和美美庆佳节。

第六节 中秋

为了丰富小区业主的业余生活,让大家在工作之余能够充分放松,感受节日的快乐,2016年9月14日晚上,梅堰社区联合理想家园物业公司在理想家园内举办中秋"私房菜肴比一比 携手邻里迎中秋"游园会。

经过前期报名,有20组家庭在活动现场展示了烹饪好的拿手私家菜肴,开屏鱼、啤酒鸭、糖醋藕、香煎排骨、家常丝瓜等佳肴吸引着大家的眼球,调动着大家的味蕾,评委大厨细细品尝每一道菜肴,评比出创意奖、造型奖、味美奖获得者,并邀请居民互相品尝邻居的手艺,互相切磋交流厨艺。活动现场还迎合中秋佳节的氛围,提供了饮料、茶点、月饼,并挂起红灯笼,展出有奖竞猜谜语100条,让参加活动的居民参与互动。

这场迎中秋活动为社区居民搭建了沟通的平台,营造了社区邻里和谐相处、亲如一家的氛围。

庆祝建党100周年文艺演出

第六章　梅堰社区党建引领

第一节　党建工作的生动实践

近年来，梅堰社区党委深入贯彻习近平新时代中国特色社会主义思想，党的十九大、十九届六中全会精神，按照临平街道对新形势下加强党建工作的部署要求，以夯实党建工作基础为关键，以"党建引领　协商自治　共建和谐"为目标，聚焦中心任务、坚定工作方向，围绕服务发展、提高工作水平，推动党组织的向心力、组织力、战斗力、凝聚力不断提升，为社区各项工作的开展提供了坚强的政治保证。

（一）党建工作的目标行动

梅堰社区在街道党工委、办事处的领导下，按照"以党建为引领、以自治为方向、以群众满意为标准"的目标，上下同心、共建和谐；坚持以"党建为龙头、服务为重点、群众满意为标准"的工作目标，为建设秩序良好、文明和谐的社区积极探索社会治理创新模式。

1. 学习教育常态化、制度化

梅堰社区党委坚持"三会一课"制度，在每月15日的固定主题党日按"五个一"要求开展活动，有理论学习，有情况通报，有任务认领，有主题讨论。坚持"两学一做"真"学"实"做"，与街道、社区中心工作有机结合，推动"两学一做"融入日常、抓在经常。一是邀请党校老师、组团联社领导、基层党组织书记、青年党员来社区上党课，学习习近平新时代中国特色社会主义思想、党的十九大精神；二是组织党员参与春训和冬训，以共产党员的标准严格要求自己，引导广大党员干部增强"四个意识"、坚定"四个自信"；三是学习《中国共产党支部工作条例（试行）》和省、市、区委重大会议精神等，让党员在社区这个大家庭的工作事务中自觉实践"两个坚决维护"。

2. 落实基层党建工作责任

一是强化党组织联建。梅堰社区分别与省红十字会"两捐"支部、海宁许巷村党总支结对，先后开展十九大精神宣讲"移动微讲堂"进企业、进网格，文化走亲，省级专家义诊，急救培训，民情访谈等活动，达到组织建设互促、党员干部互动、党建载体互用、结对帮扶互助的良性循环。二是强化民主监督。梅堰社区定期召开两委联席会议，重点围绕街道部署的中心工作和社区重大决策，组团联社"百千万"蹲点调研社区关心的热点难点问题；充分发挥社区居务监督委员会的作用，开展民主监督公开日活动。建立梅堰社区居务监督微信群，开辟监督渠道；按要求落实"三务公开"，将群众关心的社区工作、财务管理、干部管理、重大事项决策进行公开，切实保障群众的知情权、参与权和监督权。

3.提升基层组织战斗能力

强化网格支部建设。梅堰社区落实"123"支部基本规范,发挥支部主体作用和主观能动性。支委三人与支部党员实行分片联系制,顺利完成会议通知、组织学习活动、信息传达、收集结果反馈等工作;上门走访慰问关心支部生病党员、困难党员。支部党员参观南湖革命纪念馆,回顾历史,牢记党恩,发扬"红船精神";参观余杭规划展示馆,通过高科技了解余杭发展的宏伟蓝图;开展"我的电影党课"和"我经历的改革故事"微讲堂、微信课堂、观看电教片、民主评议等活动,丰富党员学习的内容和形式。党员中涌现出一大批乐于助人、热心奉献

初心不改

的好同志，如陈新中每年捐款，毛国成利用休息时间为居民解决电路问题，赵伟为高龄老人疏通管道，周志安、吴美林担任业委会工作，长年为小区管理抄心……

4.完善社区民主协商机制

一是强化服务中心意识。梅堰社区围绕街道中心工作服务大局，组织党员群众参加全域基础环境整治、国卫复评、省市文明指数测评、无违建创建、余杭百姓日、全民清洁日、全民公益日、巡河治污、"全国两会志愿值勤"等活动。深入宣传，发动党员群众参加"平安浙江"、志愿汇工作。二是强化民主协商议事。针对社区内居民事务繁杂、利益涉及多方的现状，梅堰社区在党组织引领下，以"法治为根本、德治为基础、自治为核心"为原则，探索建立"五瓣梅"议事制度，即：建章立制，"我的规则我来定"；切实可行，"我的事情我来议"；权力下放，"我的社区我做主"；拓展平台，"我的活动我参与"；培育倡导，"我的生活我协商"。充分发挥居民参与的主观能动性，共同解决小区和楼宇的问题。梅堰社区每季开展"小区管理大家议"活动，按照工作推进的时间节点多次召开"民主协商议事会"，先后就小区楼道堆积物、安宁街停车堵塞交通、小区绿化维护等问题开展主题讨论。

5.对照标准落实各项工作

梅堰社区对照党建责任清单，对登记在册的180多名党员形成以网格化为基础、以区域化为阵地的社区党建工作格局。利用党建讲习所、移动微讲堂等平台，以党员考核先锋指数为手段，抓好党员教育管理，激发党员先进模范作用，进一步夯实基层基础工作。

（二）党建工作的主要做法

1. 筑牢"主阵地",让思想教育"实"起来

一是领导带头,提高思想教育质量。党委领导班子成员以身作则学党史、读原著、学原文、悟原理,带头学习习近平新时代中国特色社会主义思想、党的十九届六中全会精神以及省、市委各项决策部署,并通过建立完善的基层党组织微信公众号等宣传平台的方式,对学习内容进行专题研讨和专题宣传,不断提高思想教育的质量。二是党员跟进,掀起学党史、学理论热潮。党组织常态化坚持"三会一课"制度,以集中学习和实践学习相结合的方式,引导全体党员适应新时代、新形势,贯彻新任务、新要求。组织党员赴鸭兰村、区党史馆等地开展党员红色路线——重温入党誓词、党史知识竞赛、庆祝建党100周年唱红歌忆党史、"征途漫漫初心不改"——忆初心重走长征路体验式主题党日、党员集中春季轮训、观看红色党史电教片等红色主题活动,全面掀起党史理论学习热潮,通过学党史,明初心、悟思想、提实效。

2. 畅通"主动脉",让战斗堡垒"强"起来

社区党委以提升组织力为重点,完善基层组织建设,夯实基层工作基础。一是组织建设"无死角"。党支部建在小区,对下属党组织重新调整划分。党委新划分产生了6个小区党支部,各支部换届后选出了新一届的支委班子,新鲜血液的注入将焕发新能量,支部建设也将上一个新的台阶。二是以"网"融"居",党支部助力强化共治共享。以党建引领"物居业网"融合自治管理模式,打造理想家园"红管家"驿站阵地,小区党支部与"物居业网"深度融合,通过"先锋日""谏言日""协商日""邻里日"等载体,助力小区问题在小区内得到解决,

党建活动成果

共同编织共治共享幸福网。三是工作责任"再压实"。明确党委、支委成员的工作责任分工,为提升基层党建工作质量夯实了基础。四是疫情期间成立"红色突击队",一名党员一面旗帜,一个支部一座堡垒。梅堰社区组建特殊临时党支部,由区法院、社区、农商行的志愿者组成一支强有力的红色突击队。临时党支部党员众志成城、担当作为,义务当起了巡查员、宣传员、外卖员,每日在小区店铺巡查,做好各类防护;对所有小区出入人员进行体温测试,查验健康码、行程码,发现情况及时上报社区;为管控人员提供物资采买、快递转运、清理垃圾、疏导情绪等"暖心"服务。

3. 锤炼"主力军",让模范作用"亮"出来

一是党建铸"芯",推动全民参与社区中心工作。在老旧小区改造

项目中，临时党支部聚合力，党员积极参与"解忧工作室"居民服务工作组、"小区圆桌会"、"五瓣梅"等居民议事协商平台，在旧改、加梯等民生实事中由党员助推落地。二是小区共建团聚民心，51名威信高、懂工程的热心党员和群众自发成立"小区共建团"，全过程参与项目实施建设，集民意、化纠纷、督工程、促实效，助推旧改工程顺利实施。三是坚持党性锤炼，发挥双报到党员和社区党员作用。组织党员深入参与社区志愿服务，积极参与防疫知识普及、防电信诈骗扫楼宣传、人大选举志愿服务、中考安保护卫、迎亚运百日攻坚、疫情防控等行动，为群众展示了党员的先锋模范作用，筑起了生命线、健康线、环境底线。

4.打造"新阵地"，让组织凝聚"活"起来

在社区邻里中心打造党群服务综合体，聚焦民生需求，实现聚焦为小、聚焦精神文化需求、聚焦为少、聚焦为老、聚焦社会工作专业化需求等五个精准服务。通过打造党建"一体五翼"服务新阵地，以社区党建为引擎，社区发展、治安维稳、民生服务、文化建设为左右双翼，民主监督为尾翼，把分散的居民有效组织起来，把基层党建与社区管理创新有机结合起来，实现党的领导与社区居民自我管理有效结合，激发基层党组织和广大党员的创先争优激情，有效推动社区发展和稳定。

（三）项目党建的生动实践

梅堰小区老旧综合改造工程涉及66栋楼2463户，为了让百姓切实感受到民生工程带来的实惠，同时加强重点工程的廉政风险把控，梅堰社区党委创新监督方式，加强对重点工程的廉政风险把控。在2020年度老旧小区改造提升工程中，进一步拓展民生项目监督的广度和深度，

将民生工作有机融入各项中心工作，通过成立临时党支部、民间"改善办"监督小组，加强居民协商议事与社区联动力度，实施"纪监民"联动监督，重点对小区工程质量、进度、安全文明、廉政风险等内容进行全程监督。

1. 成立临时党支部，助力项目建设

梅塘社区老旧小区重点工程、重大项目如火如荼地开展。为了更好地推进项目开展，梅塘社区探索建立"协调组临时党支部"将"支部建在项目上"模式，成立协调组临时党支部和加装电梯组临时党支部，做到重点工作到哪里，支部就建到哪里，把党建工作延伸到项目一线，将党的政治优势、组织优势转化为实际工作中的执行优势和竞争优势，让党员在项目建设一线起表率作用，以党建推进重点工程、重大项目建设。

各临时党支部成立后，充分发挥战斗堡垒作用和党员的先锋模范作用，为推动中心工作凝聚起了强大合力。一是支委带头。开展老旧小区拆除保笼、更换铝合金窗等劝说工作，用自己的行动和热情感染身边的同志，从而带动整体工作的开展，顺利完成2463户居民保笼丈量、拆除等工作。二是党员示范。临时党支部成员每日轮班深入施工现场和居民群众中，严把工程整体建设及各道工序关口，协调处理在居民改造过程中碰到的问题和疑虑。在党员们的引领下，群众对党组织的向心力增强了，呈现出"打造省级老旧小区改造样板品牌"的生动场面，在临时党支部的协调下，居民电梯加装的153个目标楼道已完成签约率达68%，老旧小区一期工程通过提升改造，面貌已焕然一新，受到群众交口称赞。三是严格规范。临时党支部成立后，在重点工作任务十分繁忙的情况下，全体党员带头学习十九大精神和党建理论知识，从思想上筑牢拒腐防变的思想防线。通过多种举措，来自不同单位、不同层面的党员干部在重点工作一线这个大熔炉中团结协作、克难攻坚,为重点工程建设最大限度发挥自己的光和热。

2.居民来做监督员,实施清廉工程

梅堰社区在老旧小区改造提升工程中为进一步拓展民生项目监督的广度和深度,将民生工作有机融入各项中心工作,成立了民间监督小组,与社区联动,实施"纪监民"联动监督,重点对小区工程质量、进度、安全文明建设、廉政风险等内容进行全程监督。

社区成立了民间监督小组。民间监督小组分别由懂建筑的装修人员和热心居民组成,全程对工程进行监督,保障居民权益。让群众参与进来,

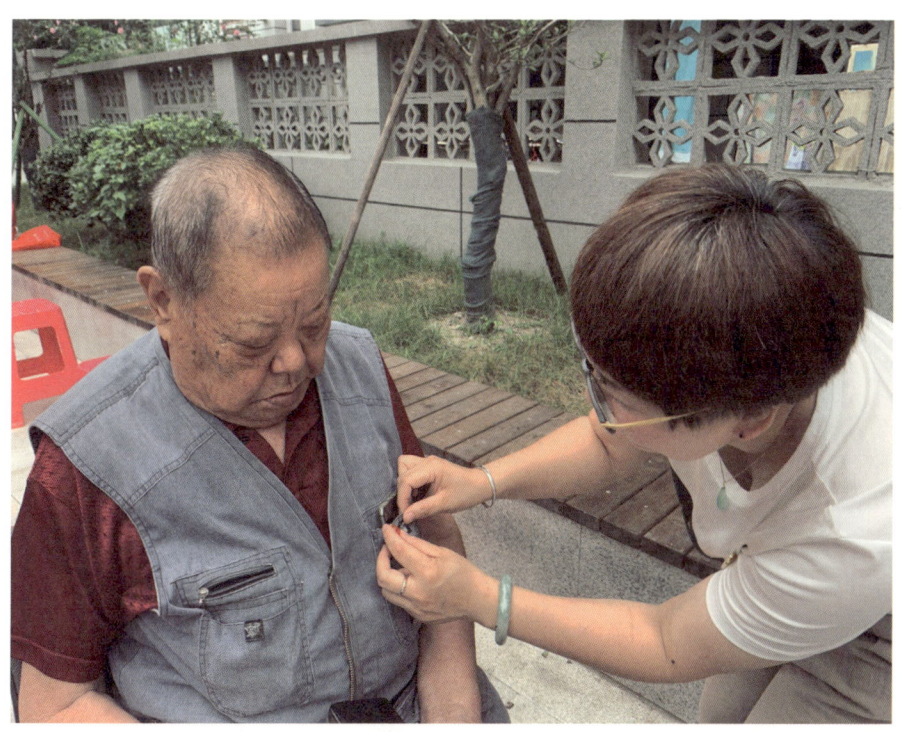

给老党员挂上党徽

全程参与本小区老旧小区改造过程，邀请住建等相关部门严格把关，从源头防范问题。居民亲自参与涉及自身权益的重点工程项目监督，不但可以提升项目监督的全面性和有效性，增强实事工程项目的透明度和群众参与度，也是他们在重点工程监督领域的一项重要探索和尝试。

——监察督促"听"。民间监督小组在施工过程中主动旁听工程建设例会，充分听取群众意见，为畅通监督举报渠道，建立"小区改造监督员微信群"，加强监督工作的沟通联系。

——监察督促"查"。全面梳理监督工作推进情况，监理有没有到场、是否按图施工、有没有施工队给干部送礼、有没有干部吃拿卡要、有没有发生工程推进不利的情况、有没有与居民发生矛盾纠纷、有没有谋取不正当利益等行为，及时发现老旧小区改造过程中可能出现的廉政风险点。督促工作人员切实转变作风，确保监察意见建议逐项落地，确保施工质量。

——监察督促"提"。将老旧小区改造提升工程与党风廉政元素进行有机集合，开辟廉政文化主题公园，通过廉政文化、好家风宣传长廊等载体做好社区好人好事、先进典型的宣传；增设居民楼道、公共休息场所居民议事点，充分发挥民主协商议事作用，构建基层社区治理体系。充分发挥基层党组织作用，积极营造共商共建共管共享的舆论氛围，做好群众思想工作，调动居民支持、配合、参与的积极性，形成老旧小区改造合力。以改造为契机，提升老旧小区的生活品质，真正将改造的成果服务于民。

3. 协商议事促和谐，做到群策群力

梅塘社区以老旧小区改造工程为抓手，多方位、多层次开展居民协商议事机制。通过民主协商，以"百姓事百姓议　邻里互助解烦忧

'五瓣梅'议事促和谐"为主题,用民主协商议事推动老旧小区改造提升工程,群策群力,广泛采纳和吸收居民意见,主动到居民家中收集问题、发现问题,监督问题的解决情况,进一步打通联系群众的"最后一公里"。经过多方沟通和协商,最终确定改造方案,对小区改造工程进行分期、分时段改造,做到进度上墙,挂出时刻表,赢得小区居民的理解和支持,形成"我来定、我来议、我做主、我参与、我协商"的"五瓣梅"议事协商机制,营造基层民主协商议事的氛围。

老旧小区改造是一项民生工程,梅堰社区切实发挥党建工作引领作用,发挥社区居民共建共治共享力量,对改造项目进行严格的监督和检查,督促相关部门转变工作态度和工作方法,切实从群众利益出发,提高改造工作的水平和成效,为改造项目"保驾护航"。党建工作既有整治的力度,也显暖心的温度,真正把为民的理念落实到具体行动上,让居民感觉到幸福。

(四)党建工作的难点剖析

1. 学习不足,思考不够

梅堰社区党委认为,对新的理论和政策学习不足,社区工作繁忙也让人容易放松学习要求,对于习近平新时代中国特色社会主义新思想、十九大报告等理论学习不够深入,需要党员加强对自身的要求,主动学习、深入学习。另外,没有沉下心来认真思考。需要提高站位,紧扣临平建设要求,结合社区实际,以家风、家训、家教为切入点,建设"家文化";需要学会"弹钢琴",厘清各项事务的轻重缓急,抓住社区的重点进行突破,推出特色,呈现亮点。

认真学习十九大报告

2.发展不均,成绩不一

担任社区网格支部成员的党员,有的已退休,有的还在上班,因业务能力存在差异、工作时间造成冲突等原因,各网格支部间的成绩不一致,发展极不平衡。梅堰社区党委下一步的工作重点,一是实行支部间的结对,交流支部工作经验;二是加强对在职党员多的网格支部的督促;三是加强网格支部班子、支部联络员的培训力度,提高整体业务水平。

3.方法不活,创新不多

社区人员结构发生变化,由以本地人为主转为以来自全国各地的新临平人为主,传统的活动载体已与智能化发展的速度不相适应,社区发展面临方式方法不够灵活、谋划不深、创新不多等瓶颈。该如何破题？梅堰社区党委认为，需要走进网格、走进家庭，深入了解居民需求；要拓宽视野、强化合作，整合学校、企业、商家、社会组织等资源，提供为居民服务的内容；要用好网络、搭建平台，开启智能生活；要充分发挥整个团队的优势，展开头脑风暴，大力挖掘团队人员尤其是80后、90后的思维潜力和技术能力。

（五）党建引领家文化建设

梅堰社区坚持以"创新工作思路，创立品牌特色，完善服务体系"为总体目标，以"党建引领 三治融合 家文化建设促社区和谐"为前进方向，树"家文化 和梅堰"品牌。

1.党建统领促发展，凝心聚力赢民意

要找准差距，强化责任，精心谋划到实处，查找自身薄弱环节，重点突破，定期召开支委会议研究工作，把握工作方向。以党建引领为核心，努力打造党群服务中心阵地建设，成为面向党员和群众服务的一个"民心窗口"。开展"五好"党支部创建，增强党员干部为人民服务意识和廉洁意识，时刻保持清醒的头脑，确保党员队伍的先进性，为构建平安和谐社区提供有力的组织保证。

2."三治融合"促管理，公平公正解民忧

社区以"三治融合"为重心，着力解决百姓关注的热点和难点。一是通过普法宣传、签约律师服务等形式让居民学法、知法、守法，在法治的框架内行事。二是以文化家园建设为抓手，开好"七扇窗"，即居民微心愿窗、党员风采窗、志愿者服务窗、廉政文化窗、敬老孝义窗、正能量传递窗、民主议事窗，大力宣传社区正能量，以德治来约束行为。三是深化"五瓣梅"议事制度，推进基层民主治理创新，坚定走群众路线，打造"党建引领　协商议事　'家文化'促社区和谐"的精品党建示范单位。

3.为民服务促和谐，全心全意暖民心

一是打造"8090青春飞扬"微讲堂，推进党建思想进网格、进家庭、进物业、进企业、进商家、进学校，提升80后、90后的工作能力，让他们快速成长，成为老百姓的知心人，让居民享受真正的"最多跑一次"。二是重点培育社会组织，补齐社区服务短板。针对社区人员不足、社区服务供给不足、无法满足社区居民日益增长的服务需求的现状，依托社会组织力量，充分发挥专业人才的作用，增强社区服务属性，形成社区、社工、社会组织三级联动发展的格局。三是加强各网格参与力量的均衡发展，党员参与网格内事务，助推社区中心工作。将党员联户、楼道议事协商、网格社会治理大联动工作融入日常工作，始终以建设"'家'文化　'和'梅堰社区"为目标，以社区居民全方位满意为出发点和立足点，突出重点、立足民生、民情共建，使党员结构网格化、志愿者服务制度化。

第二节 感党恩、颂党情、跟党走

"长风破浪会有时，直挂云帆济沧海"，2021年7月1日下午，梅堰社区庆祝中国共产党成立100周年汇演在邻里中心拉开帷幕。回首2020年，梅堰社区众志成城抗击新冠疫情，确保了居民群众的生命安全，2021年7月1日则迎来了中国共产党建党100周年，指引着社区向着第一个百年目标奋力前行。

这是"天翻地覆慨而慷"的伟大今朝，是"不畏浮云遮望眼"的一往无前，梅堰社区在共产党的领导下汲取力量、奋勇前行。

开场节目是梅堰艺术团表演的《腰鼓》。随后，一条游船劈开了南湖的波浪，十几个热血青年在筹划一个红色的理想，党员章海根高歌《把一切献给党》。这条红船在旭日下奋勇前行，承载着一个民族的憧憬，寻找着改变中国命运的航向，这条红船在风风雨雨里行驶了百年，载着9000多万有着一样梦想的中国共产党员，开辟了一条中国特色的航线，那就是朝向太阳的方向。

接着，梅堰社区组团联社领导包尚利、俞萍萍、陈敏晓及社区书记沈娟娟，给"光荣在党50年"的获奖党员颁奖，这些爷爷奶奶是李生元、楼敏健、陈水根、寿友凡、王兰芳、张仕根、楼纪田、杨礼忠、熊阿毛、宋长庆。小小少先队员们心情异常激动，为爷爷奶奶们送上鲜花。

社区的少先队员纷纷表示，要好好学习，长大后也要成为一名共产党员。双人瑜伽《天边》表达了孩子们的希望，节目赢得在场观众的阵

给老党员们献花

激情歌颂祖国

文艺汇演热闹的现场

阵好评。

节目中还穿插着党史知识问答等互动环节，由社区书记提问，现场的党员、群众积极参与抢答。

梅堰社区的奶奶们则献上了舞蹈《没有共产党就没有新中国》，展现了社区老人们的风采；颇具中国传统特色的太极表演《我爱你中国》让大家掌声不断；扇子舞《走进新时代》则表达了梅堰社区居民的爱国之心；口琴表演《歌唱祖国》、二胡和葫芦丝伴奏的独唱《唱支山歌给党听》、民族舞《再唱山歌给党听》等节目用歌声和舞蹈表达了对党最真诚的爱。

每当看到、听到祖国两个字就让人心潮澎湃，老少合唱的歌曲《我和我的祖国》，把晚会推向了高潮。

第三节　开展小区党员先锋日行动

绿萝、令箭、长寿花……各种娇艳的植物为小区增添了不少活力，最特别的是，这些植物是种在一个个被打扮得五颜六色的废旧花盆里的。2021年3月21日上午，以"党建引领社区治理　理想家园小区先锋日——废旧花盆再利用　党员认领栽花忙"为主题的志愿服务活动在理想家园小区展开。

社区党委书记沈娟娟带领理想家园小区"红管家"党支部的党员们

党员种花忙

第六章 梅堰社区党建引领

党员认养花木

废旧花盆再利用

为活动做好了充分的准备工作。大家把堆积在绿化带内的废旧花盆收集起来并归类整理,然后分工合作,按照一定的间距摆放好花盆,种下各式盆景花,你铲土,我栽花,松土浇水,装点装饰,每盆绿植还插上了写有党员名字的小牌子。整个种植用了近两个小时,原本绿化带内废旧的花盆摇身一变,成为垃圾房周边绿化的点缀。党员陈新中表示:"参加用废旧花盆种花的活动,让大家一起体验了劳动的快乐,也增加了邻里之间的感情,又美化了小区的环境,非常有意义。"参与认领的党员,每周都会到自己所种植的绿植区域进行养护。

小区先锋日活动充分体现出党支部建在小区里的重要意义,废旧花盆再种绿植则起到了软隔离的作用,有效制止了小区机动车乱停放的现象。通过党建引领,梅堰社区将继续积极开展小区党员先锋日行动,将小区党员先锋认领岗与志愿服务相结合,推进"物居业网"融合工作,把精细化管理与居民共治、共享理念结合起来,让所有人都能行动起来参与到小区治理中,一起行动,共建美好家园。

第六章 梅堰社区党建引领

第四节 体验式主题党日活动

为庆祝建党100周年,梅堰社区党委开展体验式主题党日活动,学党史、明初心,弘扬伟大的长征精神,走好新时代的长征路。

活动在社区邻里中心设置血战湘江、四渡赤水、巧渡金沙江、遵义会议、飞夺泸定桥、爬雪山、过草地、大会师等8个学习、打卡点位,穿插介绍党史及相应活动内容。

叠红船

征途漫漫初心不改

社区的沈娟娟书记首先介绍了整个活动的意义,社区党委下属6个网格支部党员化身为"红一军""红二军""红四军"。

在授旗仪式后从一楼大厅(瑞金站)出发,分设八个打卡点:

红心向党:写初心折红船活动(血战湘江站);

小事做起:垃圾分类总动员(四渡赤水站);

救在身边:学包扎和结绳(巧渡金沙江站);

红色记忆:余杭红色印记展(遵义会议站);

光影时刻:观看红色记录篇和党史知识问答(飞夺泸定桥站);

通关密码:党员申领浙江反骗码;

齐心协力：运乒乓球（过草地、爬雪山站）；

大会师：一楼大会师拍照留念。

每个支部在打卡完成后由工作人员加盖印章，全部完成后可获得初心包。

"征途漫漫初心不改"，梅堰社区体验式主题党日活动能让大家在走中学、在学中思，重走长征路，感悟长征精神，回顾党的光辉历程，党员可以进一步助力社区中心工作。体验式主题党日活动增强了活动的趣味性与教育性，营造了学习教育的良好氛围。

第五节　防疫工作的感人事迹[①]

自2020年开始防疫工作以来，梅堰社区涌现出许多感人的事迹，最值得一提的是社区代购跑男团了。

56岁的周福康，老家江苏，平时在余杭临平开车行修理电瓶车。

42岁的南朝彪，老家安徽，平时在余杭一家食品厂上班。

两人是没打过照面的邻居，因为家都住在杭州临平梅堰小区。

这一次，两人组成了特殊的代购跑男团。

2022年2月5日夜里，临平街道开通了24小时服务热线，为辖区居民提供代购、专车、维修家电、心理咨询、特殊人群料理通行证办理等免费服务。

光代购这一项业务，一个晚上，梅堰社区就接到8单，来电的有的是腿脚不便的独居老人，有的是家有幼儿需要时刻照看的家庭。

2与6日上午8点半，在社区的安排下，周福康和南朝彪两位志愿者临时组队，成了社区首日上线的代购跑男，骑上小电驴专为不方便出门购物的邻居跑腿。

出发采购前，跑男们还接了个零单，帮17幢一位腿骨折的女士送菜，菜是家里长辈已经买好放在小区门口卡点的。

[①] 《管控升级后，杭州社区代购跑男团上线了，买菜买药一上午接8单》，《钱江晚报》客户端，2020年2月6日。

代购业务开张了,但两位跑男毫无代购经验,一切从零开始做。

"菜咱们还是去超市买吧,有购物小票,跟他们结算比较方便。"

"我带了编织袋,菜多了好装。"

"你笔带了吗?等下要记一下,我去拿。"

2月6日一共8个订单,有一个是买药的,这是位老年人,因为胃病犯了,社区药店关门,公交车停运,去不了远的地方,买不到胃药所以打电话求助的。

周福康和南朝彪决定先就近找药店买药。

骑车到东湖路上找了四、五家药店,都是关门的。

他们又掉头从南往北一边开一边找,终于找到一家还在营业的药店。

跑男团为居民们代购药品

跑男团为社区居民跑腿代购　　认真挑选居民们要的物品

现在买药,进门要先测体温,不论买什么药都要登记个人信息,花的时间会更长,买盒三九胃泰,进店后用了至少15分钟。

剩下的全是买菜订单,两人赶紧去第二站超市采购,此时已是上午10点半了。

买菜的订单都是两三天的量,蔬菜、豆制品、肉类、粮油、速冻食品等,每家的品种都不下10种,两人决定平分订单然后分头行动,这样速度可以加快。

"他要老豆腐,盒装豆腐只有嫩的,老豆腐在哪里?"

"西红柿挑熟一点的,散装菜还要排队称重,算了,全部采购好再来排队吧。"

"粉皮在哪里,称重去哪里?"

"这写的是红萝卜,是要买红皮萝卜还是胡萝卜,还是打电话问问吧。"

"他要的是湾仔码头汤团,这个牌子只剩水晶汤团了,估计不行,备注可以买缸鸭狗的,我再找找吧。"

"花生米一斤买好，黄豆没找到啊，请问是哪里卖的？"

真是难为周福康、南朝彪这两位大哥了，平时在家，都是老婆负责物资采购的，这次不但要负责买菜，还一次买这么多品种，真心不太在行。

买买买，到早上11点多，周福康和南朝彪只完成了一半订单，外面开始下雨，两人感觉时间紧张，赶紧加快速度采购，只是等下要冒雨去小区送菜送药了。

梅堰社区和隔壁的庙东社区都是临平街上的老社区，小区居住着许多老年人，需要人日常料理，受疫情影响，小区管控升级后，志愿者人手不足，多亏了周福康、南朝彪这样的代购跑男。

美丽梅堰人带动全社区积极开展公益活动

第七章 梅堰社区名人达人

第一节 杭州最美家庭

——"好家风传承"鲍黎宁家

梅堰社区的鲍黎宁家被评为杭州市最美家庭,父亲传下好家训,祖孙三代历久弥新,鲍氏家风在梅堰社区被广泛传颂。鲍黎宁的父亲名叫鲍锡荣,腰板挺,喉咙响,穿过军装扛过枪,八年之后回家乡,瓶窑供销社里把人事干部当。

大家都知道,人事干部是管人事调动的。当时供销社分布范围比较广,一些分到农村的职工做梦都想着回到瓶窑上班,毕竟农村和城镇的生活习惯有着本质上的差别。鲍锡荣上任不久,就碰到了一件棘手的事。

那天,鲍锡荣刚上班,区供销社主任来到了他的办公室,两人交谈了几句,主任说:"小鲍啊，我女儿在彭公供销社上班，条件比较艰苦，这孩子从小娇生惯养，吵着要调回瓶窑，现在街上供销社刚好缺少人手，你帮帮忙，把她调回来怎么样？"

主任可是鲍锡荣的顶头上司，鲍锡荣心里明白，主任和他直接提要求，说白了是没把他当外人，如果不答应，自己也就彻底地将主任得罪了。他回答道："主任，街上供销社确实需要一个财会方面的人才，但是我得了解一下，看是否符合条件。"

对于鲍锡荣的回答，主任很满意，他起身刚走，食堂烧饭的王大娘在门外探着脑袋。鲍锡荣觉得奇怪，招呼道："王大娘，你是有事找我吧？进来说！"王大娘这才进了办公室，她坐在椅子上低着头不停地搓手。鲍锡荣找了个杯子冲了杯水端给王大娘，诚恳地问："王大娘，你是不是家中有什么困难呀！"

王大娘这才抬起头，犹豫道："鲍领导，我知道你为难，但我真的没办法了，只能来找你。"

"王大娘，有困难就说吧！"

王大娘这才说出了自己来找鲍锡荣的目的。原来，王大娘的媳妇在彭公供销社上班，虽说路不是特别远，但交通不便，每天鸡叫出门去上班，落班到家已经很晚了，一个怀孕的人实在不方便，她听说有个可以调回瓶窑的名额，便壮着胆子来找鲍锡荣了。

两个人想要这一个名额，一个是主任的女儿，一个确实有困难，怎么办呢？送走了王大娘，鲍锡荣仔细地看了两人的档案，然后去了彭公供销社实地了解情况。

从彭公回来，鲍锡荣很快下了调动文件，王大娘的媳妇被调回了瓶窑。有同事私下对鲍锡荣说："你自己有两个孩子，和主任搞好关系，将来可以顶职来供销社，现在好了，你得罪了主任，你两个孩子来供销社上班的路也就断了！以后你万一有把柄落到了主任手里，苦头有得吃了！"鲍锡荣很正式地回答道："孩子自己的路自己走，为了留后路溜须拍马的事，我鲍锡荣干不出来！"

王大娘从心底里感激鲍锡荣，过年时偷偷给鲍黎宁家送了一只火腿。鲍锡荣回家后，骑上自行车到20里外的王家退还。瓶窑人都叫他"花岗岩脑袋"（不开窍）。当年他掌管着供销社紧俏物资的审批权，可是他很讲原则，从来不会因为亲情和人情网开一面，连鲍黎宁的舅舅结婚，想问他批几条香烟，他也铁面无私，绝不同意。他还给两个女儿定了五十六字的家规家训："勤俭节约，自立自强，老实做人，勤奋做事，廉洁自律，处事谦让，乐于助人，与人为善，吃亏是福，积善修德，孝敬父母，做人正直，心态阳光，心胸豁达。"

正因为鲍锡荣处处坚持原则，主任最终也没抓到他什么把柄，临退休时，主任说了句真心话："小鲍办事，确实公正！"

在父亲的影响下，鲍黎宁和妹妹也特别努力，鲍黎宁从浙江外国语学院毕业后，又攻读了浙师大教育经济与管理硕士研究生，1999年就当了副校长，她的妹妹从杭州师范大学毕业后也当了教师。

鲍黎宁的母亲是位普通的劳动妇女。

杭州最美家庭——"好家风传承"鲍黎宁家

2016年，鲍锡荣被查出癌症晚期，她每天除了要照顾化疗后的丈夫外，还要伺候患膀胱癌且双目失明又患老年痴呆的89岁母亲的吃喝拉撒。老母亲经常大小便失禁，拉得满床都是，可鲍黎宁的母亲总是一边帮她打理，一边笑嘻嘻地安慰她："没事，没事，洗洗就好了。"

鲍黎宁的母亲年纪大了，所以鲍黎宁早早就担起了给父亲和外婆送医、护理、陪夜的责任，上班之余的很大一部分时间是在医院度过的，甚至有好几个春节都是在医院过的。鲍黎宁说："虽然有时真的累得撑不住了，但还是很开心地守候着他们，就像小时候他们无私地守候着我一样！"

让人更欣慰的是，长辈们的一举一动潜移默化地感染着孩子们的成长。鲍黎宁的大儿子大学四年一有空就坚持到学校所在地的孤儿院和养老院做义工；小儿子在大二时就因为各方面表现优异被评为优秀学生党员，现在在读研一，尽管实验任务重，可还是坚持两周一次回来陪长辈说说话，帮家里干干活。有红色影片在临平上演时，鲍黎宁的小儿子知道外公的爱国情怀，自己在网上为全家人买票，还特意从学校赶来推着轮椅上的外公观影，让全家感受祖国的富强、人民的伟大和新时代的力量！鲍家孩子的言行中充满了阳光和正气，在他们身上见证了家训的力量。

第二节 美丽临平人——"最美逆行人"陈新中

有一种感动叫坚守

2020年，新冠疫情爆发以后，在梅堰社区抗击新冠疫情一线，有这么一位特殊的志愿者，从小区防疫卡口设立后，每天都上岗，哪怕是大风大雨，他都轮流在安宁街、理想家园小区、九曲营路等卡口值守，成为社区红马甲中最亮丽的"一抹红"，他就是社区党员陈新中。

美丽临平人——陈新中

疫情前期，家住理想家园和院的陈新中早早地来到社区，为抗疫一线的医务人员捐款500元，为缺少物资的社区送来了口罩。卡口设立后，缺少志愿者，作为理想家园网格的支部书记，陈新中第一时间报名参加执勤，同时号召、组织支部党员一起投入卡口执勤防疫工作。平时，社区里垃圾分类、平安巡逻、政策宣传等各项公益活动也都有陈新中积极参与的身影；每年春节前，他都会为社区的老人们捐款献爱心。

在这场突如其来的新冠肺炎疫情阻击战中，我们看到了无数的志愿者，他们弘扬雷锋精神，无私奉献，不求回报，在抗击疫情一线默默奉献着。"我是党员，我上！"2020年，连续52天，陈新中在风里雨里默默

陈新中为防疫"逆行"

地为居民测量体温、登记信息,他穿梭在各卡口,坚守岗位,向居民耐心解释政策,用实际行动践行着一名共产党员的初心和使命。

有一种感动叫温暖

随着疫情的逐渐稳定,陈新中从社区卡口"下岗"后,转而又在复工复产的岗位上"上岗"了。在塘栖仓桥路5-7号的天济药房,陈新中的同事和周边的居民说起他都竖起大拇指夸赞:"他平时工作就很认真,人也非常好,很细心,很热心的……"

每年年底,陈新中都会来社区捐款,从未间断,他希望自己的爱心可以帮助到更多的人。他总是对社区说:"要帮什么忙,就找我。"

无数志愿者和陈新中一样,没有豪言壮语,却在默默付出,在平凡的岗位上创造出许多不平凡,充分弘扬"最美逆行人"的担当精神,为小区筑起了一道坚固的屏障。

第三节 美丽余杭人——"爱心理发师"周桃红

让老人舒心从"头"开始

1972年出生的周桃红,祖籍安徽。经过多年的努力,她凭着一技之长在梅堰路经营着清风苑理发店。通过社区,她了解到辖区内65周岁以上的老人有200多位,作为梅堰"新居民",她萌生了为老人免费理发的念头。

"在这里创业也找到了归属感,就想着凭自己的手艺为社区居民做点事。"周桃红主动联系社区,表示愿意成为志愿者服务他人。从2007年开始,她一直从事社区公益志愿活动,免费为社区和敬老院的老人理发,十多年来共为500多人次免费理发。周桃红每年都参加街道、社区组织的学雷锋、庆三八、巾帼志愿者便民服务活动,只要社区有需要,只要团队有需要,只要群众有需要,她都义不容辞地放下家事,冲在前面,尽心尽力为大家做好服务。她一直都是社区最热心、最乐于助人的志愿者,多次参加街道组织的为敬老院老人理发活动,通过义剪的形式,让梅堰社区的老人们舒心从"头"开始。

周桃红2013年被临平东湖街道妇联评为优秀巾帼志愿者;2015年被临平东湖街道评为"小巷之星"——最佳热心居民;2016年被梅堰社区评为最佳热心居民。清风苑理发店于2012年被余杭区城乡和谐社区建设领导小组评为城乡和谐社区服务业先进单位;2015年被城管执法局和《余杭晨报》评为余杭区首届"十佳最美店家";清风苑理发团队于

2015年被余杭区社区服务中心和余杭区96345社会公共服务中心评为十佳公益服务团队——最佳人气团队。

为部队官兵义务理发10年

16岁，正是读书好年华，但为了给家中减轻负担，周桃红初中毕业便前往上海学习理发。两年学成毕业，1992年，经老乡介绍，她来到南京大校场，为部队官兵理发。

纪律是军队的生命，连理发也不例外，同样有着严格的要求，有"前不遮眉""侧不碰耳""后不碰领"等基本要求，周桃红早就熟透于心。因为理发的手艺好，她受到官兵的一致好评。也是在那里，她遇到了自己的丈夫，因为理发搭建的情缘让两人走到一起。

周桃红为军人理发

1995年，周桃红的丈夫退伍后回到临平，周桃红也跟随丈夫来到临平工作，在余杭大厦做了6年的理发师。

因为是军人的妻子，她对部队有着特殊的感情，从2006年至今，她主动与驻扎在临平的部队联系，为官兵义务理发整整10年。俗话说，"铁打的营盘流水的兵"，迎新兵，送老兵，一茬接一茬，但这位在部队里为官兵义务理发的"爱心理发师"却是所有人所熟知的。部队里的丁连长带兵多年，一提到周桃红，他连声亲切地叫"嫂子"："她的爱人是我们的战友，她自然是我们的嫂子，她平时平易近人，不仅头发理得好，还会开导那些年轻战士，当他们的'课外辅导员'，减轻他们想家等思想上的负担，战士们都把她当亲嫂子看待。听到哪个战士要回家相亲，她还专门设计好看的发型，让他漂漂亮亮地回家。"

每逢八一建军节，周桃红还会买饮料等慰问品送到部队，让战士们都非常感动。丁连长说："嫂子对部队的这份感情真的很难得，她是军人的妻子，始终记着部队，到现在已经坚持了10年，真的让我们很感动。"部队为了方便周桃红为官兵理发，还特地在驻地设立了专门的位置，并新做了面军容镜。

面对这一切，周桃红却说："我是军人的妻子，更应该理解军人，他们保家卫国冲在前面，我这点微不足道的贡献根本算不了什么。"

热心为社区特殊人群免费理发

周桃红在梅堰社区的理发店不大，才20多平方米，但是每天客人很多，来这里理发的人都很喜欢和她聊天。每逢提到周桃红的名字，居民们就纷纷称赞她不仅手艺好，为人和善、乐观开朗的性格也很"治愈"，平日里还热心公益服务，积极参加社区公益活动。在她的带动下，理发店的员工个个都成了美发志愿者，在为百姓服务中寻找着快乐，用真诚和热情为社区居民服务，用真诚奉献自己的力量，他们虽然普通却不平凡，给人温暖，让人感动。

周桃红服务的人群中，上至93岁的鲐背老人，下到不满1周岁的小伢儿，临平人民广场、新大地、社区公园、周边村落、文化礼堂、敬老院等，到处都有她的身影。凡是她在的地方，队伍都排得很长，无论你有钱没钱，她的服务都是一如既往，有时遇到残疾人，她还会尽量为他们提供更多的便捷，优先为他们理发。因为排队的人太多，周桃红经常一站就是几个小时，她有时宁可错过中饭，也要坚持给顾客都理完发。她常说："一天忙下来，腿会隐隐感到发软酸痛。"

每当遇到一些行动不便的老人，周桃红会主动为他们服务。"年纪大的人理发时，对造型样式要求不多，干净利索就好，比如夏天为老人理光头，只需要两三分钟就好了。要是遇到瘫痪卧病在床不能动的病人，要根据他们的卧床姿势来理发，速度要求更快。"周桃红还以此总结出一套服务技巧。2021年夏天，一位顾客向周桃红求助。他的母亲是一位重病老人，常年在医院住院，当时天气很热，老人头发很长、很闷，这位顾客很着急，希望周桃红能上门为老人理发。周桃红听说后，就主动去医院为老人义务理发，看着老人的头发理得清清爽爽，家人们都非常感谢她的付出，她却说："老人家生病在床不容易，人家找到我，是对我的信任，不过是举手之劳，何乐而不为呢？"

原梅堰社区的陈敏晓书记说："这么多年，我们联系周桃红参加志愿服务，她从来都没说不，就算自己来不了，都会叫徒弟来帮忙。她是个非常热心的人，帮助的不仅仅是我们社区的人。一次，社区的寿师傅碰到个小困难，腰部动了手术，要长时间卧床休息，头发长了不能去

第七章 梅堰社区名人达人

周桃红参加志愿活动

理发店,就希望理发师能上门服务。社区得知情况后,马上联系了周桃红,她一听二话不说就答应下来,不管店里有多忙,还是派店员为老人上门免费理发。看到志愿者上门来,寿师傅非常开心。修剪前,志愿者还认真地询问了老人想修剪成怎样的发型，不到半个小时，就为寿师傅剪出了满意的发型。"

在公益服务中找到自我价值

"每次为顾客做一个成功的发型，我心里都会有种愉悦感和成就感，这是我多年来一直坚持做理发这个行业的原因吧。"周桃红说。接触过周桃红的人都知道，她是一位性格非常开朗的女性，她喜欢与别人聊天，并乐于分享快乐给大家。

"理发是一个服务行业，更需要有一个交朋友的心态，同时还要给顾客好的体验感，而公益服务让我找到了自我价值。"周桃红说。梅堰社区有一位丰奶奶，已经快90岁了，与周桃红相识10多年，是她公益服务的常客，因为经常免费为老人染黑发，一来二去，老人的女儿丰金英成了她的小姐妹，受周桃红的影响，也加入了志愿服务队，两家人相处得也非常和谐，就像一家人一样，还经常一起出去旅游。

"周桃红一直都是我们的榜样，有了她的带头，我们都要去参加志愿服务。"丰金英说。

人生四季，寒暑交替，如今，公益服务已经成为周桃红生活中必不可少的一部分，虽然只是一个普通的志愿者，一个普通的理发师，却多年坚持公益服务，因为她说，在帮助别人的过程中，自己也收获到了快乐，更找到了自己的人生价值。她喜欢和团队一起做公益，她认为公益靠一个人单枪匹马是远远不够的，需要带动更多的人，大家抱团努力，才能把这件事做好。

周桃红始终相信这个社会是在正向发展的。她说，十多年前，临平刚有公共自行车时，她感动了很久，感叹生活越来越便利，人们也变得更和善，处处充满正能量，生活在这里真好。在未来的公益服务的路上，她要走得更远，并把更多的快乐分享给别人，用一把剪刀剪去纷乱，让爱一直传播下去。

后　记

　　文以载道、文以育人。文化兴则社区活，和谐社区建设离不开浓郁的文化氛围。梅堰社区以文化家园为载体，让居民共建共享文化建设成果，收获了居民不断提升的幸福指数，收获了日益和谐的邻里关系，为人民群众的美好生活做出了新的诠释。文化如水，润物无声；文明如风，吹拂心田；梅好生活，乐居新堰！梅堰社区展现出邻里和美、幸福共享的社区文化新篇章！

　　梅堰社区生动的实践为创作提供了丰富的素材，本书只精选了部分案例。

　　在课题研究过程中，承蒙杭州市文明办的信任与厚爱，给予我学习、锻炼与提高的机会，临平区委宣传部、东湖街道、梅堰社区也给予了极大的帮助与支持，在此谨表谢意！

　　衷心感谢张翼飞老师的指导！感谢梅堰社区陈晓敏书记、沈娟娟书记！感谢梅堰社区姜健婕等同志的支持！感谢参考文献中的作者们！感谢杭州出版社的帮助！感谢所有关心支持梅堰社区的同志！

周旭霞

2022年9月于杭州